无论你走得多远，
你的心总和我连在一起；
无论黄昏时树的影子有多长，
它总是和树根连在一起。

——泰戈尔

献给中国农业大学动物科学技术学院建院一百周年

动科“领头羊”

顾　问：呙于明　郭晓旭
主　编：张　微　秦佳鑫
副主编：刘国世　李菁菁　和立文　张　鲁

中国农业大学出版社
·北京·

图书在版编目(CIP)数据

动科“领头羊”/张微,秦佳鑫主编. --北京:中国农业大学出版社,2022.9
ISBN 978-7-5655-2862-0

Ⅰ. ①动… Ⅱ. ①张… ②秦… Ⅲ. ①中国农业大学-校友-事迹 Ⅳ. ①K820.7

中国版本图书馆 CIP 数据核字(2022)第 158186 号

书 名 动科“领头羊”
作 者 张 微 秦佳鑫 主编

策划编辑	梁爱荣	**责任编辑**	梁爱荣 刘彦龙
封面设计	郑 川		
出版发行	中国农业大学出版社		
社 址	北京市海淀区圆明园西路 2 号	**邮政编码**	100193
电 话	发行部 010-62733489,1190		读者服务部 010-62732336
	编辑部 010-62732617,2618		出 版 部 010-62733440
网 址	http://www.cau.edu.cn/caup	**E-mail**	cbsszs@cau.edu.cn
经 销	新华书店		
印 刷	涿州市星河印刷有限公司		
版 次	2022 年 9 月第 1 版 2022 年 9 月第 1 次印刷		
规 格	170 mm×240 mm 16 开本 8 印张 110 千字 彩插 8		
定 价	68.00 元		

编写人员

顾　　问　呙于明　郭晓旭
主　　编　张　微　秦佳鑫
副主编　刘国世　李菁菁　和立文　张　鲁
参编人员（按姓氏笔画排序）：
王佳欣　支　茵　邓伊凡　刘俊杰
苏　礼　杜　泽　李　森　李　晶
杨　璐　何星谕　何浩然　张子豪
张玉颖　罗雅雯　和畅翔　赵彬彬
段月岩　蒋小意

序

“解民生之多艰，育天下之英才”，这是中国农业大学的校训。我们希望动科学院的每一个学子都牢记校训，将个人理想融入中华民族伟大复兴的中国梦中，将自己的心血和汗水洒在祖国的大地上，为推动畜牧业发展贡献力量！

中国农业大学动物科学技术学院（简称动物科技学院）源于1921年北京农业专科学校创建的畜牧学科。北京农业专科学校于1923年改名为国立北京农业大学并设立畜牧学系；1949年由北京大学、清华大学、华北大学三校的畜牧学系合并成立北京农业大学畜牧学系；1993年在原北京农业大学畜牧学系的基础上成立动物科学技术学院。近些年，每年招收本科生120人、博士生70余人、硕士生160余人。近百年来，学院培养了一批又一批的优秀学子。

《动科“领头羊”》这本书，讲述了一个校友群体的成长故事。他们毕业后遍布全国，从事与羊产业相关的工作。他们或是优秀的教师，或是杰出的企业家，或是卓越的科学家，但他们都成长为行业当之无愧的“领头羊”，为行业和社会的发展作出了重要贡献。他们是学院的骄傲！学院为他们感到自豪！书中的校友都拥有渊博的学识、崇高的理想、坚定的信念，以及不畏艰苦、奉献社会的优良品质。细读他们的人生经历，可以深刻感受到他们内心深处赤诚的爱国精神与服务“三农”情怀。他们深深扎根基层，向阳而生，传承前辈意志，激励后辈奋发有为，到祖国需要的地方去绽放青春，成就自我。

希望每一位读到本书的人，都能从中汲取精神养分，收获人生启示。在感受这些优秀校友的理想情怀时，诸位教师或应该思考如何培养未来“领头羊”，

如何成为一名令学生喜爱、崇敬的老师；诸位同学也应该意识到，只要付出努力，始终谦虚上进、脚踏实地、矢志奋斗，就会成就美好人生。

站在学院百年的新起点上，希望师生牢记校训，强化“以人为本，培养创新人才；立足产业，引领科技发展”理念，以优秀校友为榜样，开拓创新，不断超越提高，为学院学科发展，为国家乡村振兴作出自己应有的贡献！

呙于明

2022 年 6 月

目录

卢德勋:严谨治学　不断创新

卢德勋近照

卢德勋,1937 年 6 月生,内蒙古农牧业科学院研究员,著名动物营养学家,国际上“系统动物营养学”的创立者,一直致力于系统动物营养学的倡立、传播和发展。卢先生 1959 年毕业于北京农业大学畜牧系,后继续攻读硕士学位,1982 年赴澳大利亚西澳大学攻读博士学位,于 1986 年底学成回国。曾担任中国畜牧兽医学会动物营养学分会第五届理事长、《动物营养学报》主编、内蒙古畜牧研究院和内蒙古乳业研究院首席专家、内蒙古饲料工业协会副会长、内蒙古农牧业科学院动物营养与饲料研究所主要负责人、内蒙古农业大学兼职教授和博士生导师以及国家多项重大项目评审专家。现任中国畜牧兽医学会动物营养学分会系统动物营养学专业委员会顾问、长江三角洲饲料营养活性物质组学创新中心首席学术顾问、内蒙古神州动物营养发展战略研究所名誉理事长等职务。他获得原农业部科技进步奖一等奖 1 项和内蒙古自治区科技进步奖一等奖 1 项、二等奖 3 项、三等奖 4 项,内蒙古自治区农牧业丰收奖一等奖 2 项,制定国家标准 5 项,获得国家发明专利 3 项,出版学术专著 6 部、译著 1 部,发表学术论文 466 篇,其中 1 篇 2014 年 1 月发表于美国 *Frontiers in Bioscience*,其影响因子为 4.05。

卢先生先后被授予全国优秀回国留学人员、全国农业科技先进工作者、自治区优秀科技工作者、自治区科教兴区突出贡献先进个人、内蒙古最具影响力经济人物及改革开放三十年内蒙古科技创新先锋人物等荣誉称号;获得内蒙古自治区第二届乌兰夫基金铜奖,并被推选为中共十四大代表和第九届全国人大代表。

漫漫求学　收获新知

1959 年，卢德勋先生于北京农业大学畜牧系毕业后，师从我国著名的老一辈动物营养学家杨胜教授继续攻读硕士学位。1964 年 3 月毕业，留校任家畜饲养学助教。1978 年调入内蒙古畜牧科学院工作，历任助理研究员、副研究员和研究员。1982 年赴澳大利亚西澳大学，师从 R. J. Moir 教授，攻读博士学位，于 1986 年底学成回国，是改革开放后内蒙古自治区较早一批赴国外攻读博士学位的留学回国人员。在长期的学习和实践中，他慢慢悟出了一个道理：创新是任何一门科学的灵魂和永葆生机的发展源泉；坚持与时俱进是一个科学工作者理应毕生坚持的治学之道。因此，他一直把从事学科理论创新和技术创新放在头等重要的位置。

卢先生第一次接触动物营养学理论还是在 20 世纪 50 年代。随着学习的深入，他对传统动物营养学陈旧的学科思维方式、一百年来一成不变的学科体系和大量的描述性学科内容感到困惑，但由于当时所掌握的知识不足，还不具备解开这些困惑的基本素质和条件。在国外留学期间，他有幸接触到了世界动物营养学研究的前沿，越来越深切地感受到世界动物营养学科思维方式正在由“分析时代”进入“系统时代”，并且这股思潮势不可挡，这再一次唤起了他探索解开这一令人十分困惑而又充满了神秘的领域的兴趣。

求学路漫漫，先生却乐此不疲，不断发现新知，这种探索精神和创新意识难能可贵。

孜孜不倦　敢为人先

1986年回国后,卢德勋先生立即开始了在动物营养学中应用系统科学理论和方法的苦苦探索。在条件艰苦的情况下,他一干就是十五六年。在此期间,他提出一系列新理论、新概念和新技术,对动物营养学这门有着200多年历史的古老学科,从学科体系到学科内容,从研究方法到应用技术都作出了一系列开拓性的创新成果。在世界上首次提出绒山羊理想氨基酸模式,并提出了氨基酸平衡指数(AABI)新的技术指标,使动物氨基酸平衡度的量化评定成为现实;在绵羊和绒山羊能量营养研究方面,在国际上首次提出代谢葡萄糖(MG)和可代谢生脂物质(MLS)的新概念,对能量载体物质指标营养评定和调控建立了一系列新的科学技术指标体系;在粗饲料品质评定上,他对美国提出的饲料相对值(RFV)指标作出重大创新,提出了分级指数(GI)的新指标,对牧草和其他粗饲料品质评定和科学利用有重要指导价值;在饲料纤维物质品质评定方面也有重大技术突破,提出了可发酵纤维指数(FFI)等新技术指标,填补了这方面的空白;在饲料组合效应方面,在国际上首次提出零组合概念,并对组合效应理论和技术作出了重大创新。2020年,卢先生在国际上首次提出动物健康营养学理论和技术体系。

卢先生不仅在动物营养应用基础研究方面取得了一批有重要学术价值的研究成果,而且在动物营养学学科体系、学科内容、研究和应用技术创新方面也具有开创性贡献:提出并创立了系统动物营养学新学科。经过二十多年反复探索和实践,卢先生不断酝酿和总结,于2003年完成了一部近40万字的学术著作《系统动物营养学导论》,并于2004年8月正式出版,在世界上首次提出了动物营养系统、动物机体自我调控功能、系统整体动物营养调控理论和技术,以及动物营养工程技术等一系列新概念、新理论和新技术。此后十余年，卢先生一直在研究、思考系统动物营养学的有关内容，并于2016年8月出版《新版系统动物营养学导论》。这两本学术专著均获得了国家科学技术学术著作出版基金资助。老一辈动物营养学家杨胜先生评价《系统动物营养学导论》是我国动物营养学界的一项开创性工作，是在充分吸取了国际上“系统生理学”“系统生态学”和“生物控制论”等新学科的发展经验，以国际上最新的研究成果为营养源而取得的富有创新精神的成果，并在理论上具有鲜明特色。

卢先生虽已退休多年，但仍然每天坚持规律读书和思考的好习惯，2021年初在《动物营养学报》上发表文章《动物营养学科发展在战略方向上的重大突破：构建动物健康营养理论和技术体系及其实际应用》，这必将再次起到推动动物营养学科发展进步的重要作用。

卢先生严谨治学、孜孜不倦的科研精神令人钦佩，笔耕不辍、思想引领的学术造诣更令人钦慕。

投身实践　敢于担当

理论创新必然带动技术创新。针对传统理论和技术系统集成化程度不高的缺陷，卢德勋先生提出了一种新的系统集成型实用乳牛营养技术，即乳牛营养工程技术，对提高乳牛科学饲养水平有重要的指导意义。他曾到全国10多个城市和地区亲自访问奶户和乳牛场，解答技术问题并推广这一技术，大家亲切地把它称之为“中国自己的乳牛饲养营养理论和技术”。

与此同时，卢先生带领同事和学生深入到牧区，开展绒山羊舍饲、半舍饲的试验研究和技术示范工作。“随着西部大开发战略的实施，认真解决绒山羊养殖与草原生态保护的尖锐矛盾，走可持续发展之路，已成为摆在自治区各级政府面前的突出问题。”卢先生说。在总结农牧民多年实践的基础上，根据畜牧科技人员长期研究的成果,提出了绒山羊舍饲营养工程技术。他们找到了切合内蒙古实际并能解决这一难题的路子,这就是“不断提高绒山羊生产性能,有计划地控制饲养量,逐步改变传统单一的放牧饲养方式为舍饲、半舍饲方式,走产业化发展之路。”当时,一些专家和牧民担心,绒山羊圈起来会使羊绒的质量和产量下降,但实践证明舍饲绒山羊在保证羊绒品质的基础上产绒量提高了 10% ,母羊流产率大幅度下降,繁殖成活率提高了 50% 。“我们实践的结果是,这样做

卢先生指导青贮饲料制作

卢先生到绒山羊养殖场指导工作

不仅初步缓解了畜草矛盾，而且明显地提高了绒山羊的生产性能。”卢先生在一次记者采访时这样说道。这一技术的推广对缓解畜草矛盾，提高舍饲和半舍饲绒山羊生产效益，增加农牧民收入发挥了重要作用。

卢先生不辞辛苦多次奔赴偏远地区，将丰富的理论成果转化为实实在在的经济效益，从而造福百姓。卢先生这样接地气的学者，深受百姓爱戴和敬重。

2019 年 5 月 25 日，长三角饲料营养活性物质组学创新中心成立。该中心的发起和参加单位有内蒙古神州动物营养发展战略研究所、畜牧人网站、浙江耀飞生物科技有限公司、北京农学院、内蒙古自治区农牧业科学院、内蒙古农业大学、浙江大学、中国农业科学院北京畜牧兽医研究所、武汉轻工大学、黑龙江八一农垦大学、安琪酵母股份有限公司等。创新中心的成立，标志着卢先生在创建系统动物营养学科后，其在“产、学、研”的道路上又迈出具有里程碑意义的一步，为推动饲料营养活性物质组学的研究以及相关产品成果转化奠定了基础。饲料活性物质组学产品创新中心将会借助浙江省长三角绿色制药协同创新中心的硬件、软件、政策和人才等多方面的综合优势加快推进发展。饲料活性物质组学产品创新中心落户长三角绿色制药产业园，也将有利于实现项目成果快速转化，带来显著的经济和社会效益。

教书育人　薪火相传

卢德勋先生本着博采众长、团结协作的工作作风，与国内外同行开展了多项教学和科研协作工作，赢得了同行的高度评价和赞赏，并取得了可喜的成果。从 1995 年开始，卢先生开始和内蒙古农业大学合作培养博士和硕士研究生，后陆续与中国农业大学等多所高校开展合作，共培养出博士后 3 名、博士 28 名、硕士 60 名。

在研究生培养方面，卢先生要求研究生在学术方面要“顶天立地”。所谓

“顶天”就是在学术上必须站在国内外动物营养学的前沿,作出国内一流、国际先进的成果;而“立地”是指要将自己的科研成果尽快地转化为现实生产力,为解决自治区乃至全国畜牧业发展的重大技术问题服务,为农牧民增收服务。卢先生强调,“立地”是科研工作的出发点和落脚点,是科研工作不竭的力量源泉;而“顶天”则是“立地”的技术基础,只有拿出“顶天”的科研成果,才能拿出一流的技术成果奉献社会。

卢先生一直着重培养学生如何做人和做学问,坚持把教育学生正正派派做人放在首位。先生用“团结协作、博采众长,求实创新、奉献社会”作为师训来教育学生,特别注意培养学生的爱国主义情操和团队精神,引导学生认识“做人”和“做学问”的关系,注重培养学生严谨的学术作风和勇于创新的科研精神。

2000 年由卢先生指导的第一位博士生王洪荣获教育部和国家学位委员会全国百强优秀博士论文奖,内蒙古农业大学和他本人成为全国动物营养学界第一次获此殊荣的单位和个人。目前,卢先生带出的学生们已成为全国反刍动物营养研究的中流砥柱,发挥着重要的作用。

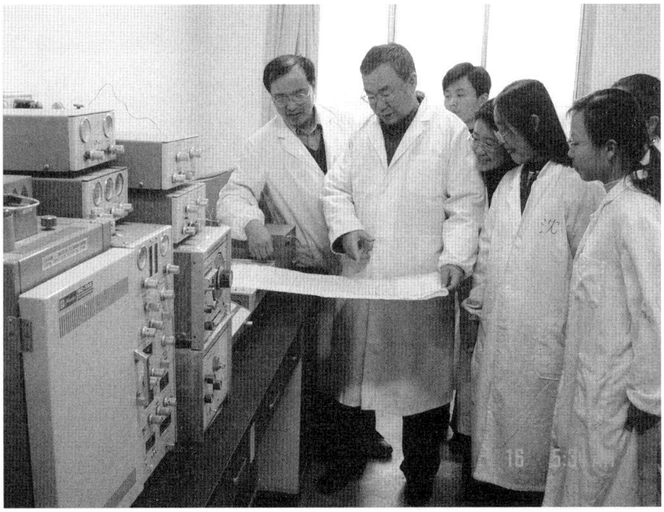

卢先生现场指导研究生

卢先生回国后长期担任中国畜牧兽医学会动物营养学分会的领导职务，在创办《动物营养学报》、学会工作改革和促进全国动物营养学会理事会新旧交替等方面也作出了重大贡献，得到了全国同行的高度赞誉。

从寒窗苦读学业有成，到为人师表教书育人；从潜心学术硕果累累，到投身实践造福农牧民，卢先生有理想信念，有道德情操，有扎实学识，有仁爱之心，在倡导争做“四有”好老师的今天，卢先生无疑是老师们最好的榜样。卢先生一路走来朴实低调，却默默为动物营养学，为国家和人民奉献着，他是时代的楷模，更是我们全体农大人的骄傲！

来源：本文在《卢德勋先生和他的弟子们》画册中的“编者的话”（文/《卢德勋先生和他的弟子们》编委会）和“序言”（文/卢德勋）基础上修改而成，标题为编者所拟。

写作小记

“善学者其如海乎”大概就是对卢先生最好的形容了吧，就像吸纳百川的大海一样，卢先生在求学、治学以及教学上一直如此，源源不断地吸取知识，以创新理念为基础，引领着中国动物营养学领域一路高歌猛进，迅速发展。

作为一名学者，卢先生编著了多本具有重要学术价值的书籍，同时坚持“学者当务实”的理念，亲自深入牧区开展研究，将其理论成果转化为实际效益，是无私的奉献者；作为一名老师，卢先生以身作则，教导学生如何做人、做学问，培育出一批又一批德才兼备的优秀学子，是一位当之无愧的明师。

先生之风，山高水长；虽不能至，心向往之。

（文/中国农业大学动物科技学院2018级本科生　何浩然）

誓言（节选）

卢德勋

最难忘罗道庄党旗下的宣誓
为共产主义奋斗终生；
最难忘哈拉沁山村农民翻身解放的喜悦，
最难忘河卡草原翻身农奴欢乐的歌唱，
那些一次次给我人生洗礼的地方；
最难忘天鹅湖畔
与莘莘学子一起传播友谊，
维护祖国统一和尊严的日子。
一路与初心使命同行，
与奋斗和坚持同行；
一路满载希望和理想
与爱和豪迈同行。

卢德勋
2022年6月25日

马宁：胸怀坚守　不负热望

马宁近照

马宁，女，1932 年 8 月生，吉林农业大学教授，著名的养羊专家。马宁先生于 1953 年从东北农学院本科毕业，1956 年从北京农业大学研究生毕业。马先生长期从事绵羊育种研究，先后参加了东北细毛羊和中国美利奴羊新品种的选育工作。著有《东北细毛羊》《绵羊》等专著；发表专业论文 70 余篇，在细毛羊组织选种方面颇有建树，为细毛羊早期选种提出科学的依据。曾先后获得省科学大会奖，省部级一、二、三等科技进步奖，国家科技进步一等奖，2019 年获“庆祝中华人民共和国成立 70 周年”纪念章。

“我这辈子总算为国家和人民做了点事，无愧无悔。”这是马先生在一次接受记者采访时说的。记者说：“说这话时，先生眉目含笑，一头银发梳得整整齐齐，双手交叠放在腹部，瘦削的手上布满青筋。”记者很难想象这位温和而不失严肃的老太太会有那样矢志不移、破釜沉舟的勇气和力量，有那样无比刚强、令人叹服的决心和毅力。她这一生都在风雨兼程，为羊产业培育新品种，带贫困县脱贫致富，为国家培养优秀人才，从未停歇。在整理这段文字时，我被深深地感动了，我似乎看到了马先生说这话时眼中的光、心中的爱。

潜心钻研　不懈探索

马宁先生虽然在羊保种育种方面取得了很大成果,但是实际上她的求学之路一波三折。她并不是求学伊始就确定了自己要从事羊的研究,甚至刚开始她想要选择的是医学,而非畜牧业。选择了畜牧业后,她最初喜欢的是马,而不是羊。命运的安排、老师的建议和自己谨慎的决断让她最终选择了羊,并且为了羊产业付出了一生的心血和努力。

1953 年从东北农学院毕业后,马先生成为北京农业大学的研究生;研究生毕业,她选择了留校任教;1957 年奉调长春畜牧兽医大学工作,开始从事东北细毛羊选育,也开始了她将近五十年的羊保种育种钻研探索。

事实上,科研的道路并非一帆风顺,尤其是马先生将理论研究和生产实践紧密结合,亲自去草原、去牧区考察实地情况,调研数据,更是困难重重。

20 世纪 60 年代的草原并非满目青草白羊,尤其是边区草原更是荒凉贫瘠,气候恶劣,交通不便,食宿简陋,条件极其艰苦。马先生怀着为国家培育出自己的高产细毛羊,改变中国毛纺织业落后状况的愿望去往东北,在这样艰苦的条件下,咬牙坚持。在无数个大风肆虐的日子里,在无数场突如其来的大雨中,在无数个灼灼烈日的盛夏中,在无数个寒雪飘飞的冬天里,在无数次累极小憩的草堆旁,在无数个与牧民一起风餐露宿的日子里,她的身影破碎成一小块一小块,散布在每一段细碎的时光里。这些小碎片又慢慢聚拢、慢慢拼凑,变成了一个完整的马先生,一个在拼搏苦斗、跋山涉水中体会工作的乐趣,理解生命的意义，成就人生价值追求的她。

马先生进行了近三十年绒山羊种质特性方面的研究和探索，从绒山羊资源、羊绒品质及快速检测方法、皮肤组织型、血液蛋白的多肽性等方面研究了绒山羊经济性状的遗传规律，积累了大量翔实的资料，并撰写科研成果精华荟萃《中国细毛羊研究》，为其在该领域取得的阶段性成就画上了一个圆满的句号。而在这么多年的育种研究中，她花了二十多年的时间来沉淀自己，四处奔波，进行理论研究和数据收集，最终培育出兴安细毛羊、吉林型东北细毛羊，以及由内蒙古、新疆、吉林联合育成的中国美利奴羊等品质优良的细毛羊品种，多次获得吉林省科技进步奖和国家级科技进步奖。正如习近平总书记所说，“每个优秀的人，都有一段沉默的时光。那段时光，是付出了很多努力，却得不到结果的日子，我们把它叫作‘扎根’”。马先生扎根二十年，之后的很多年也一直深深扎根汲取知识，才有了之后的开花结果。

马先生能取得科研上丰硕的成果并非偶然，这与许多因素有关。她曾对青年学子谆谆教诲：“年轻人要做一行爱一行，而不是爱一行做一行”“人的一生会遇到种种挑战，积极地迎接挑战，就会将挑战变为磨炼意志、展示才华的机遇”。马先生的经历确实能给我们青年学子很大的人生启示：兴趣是可以培养的，当一个人深入地钻研某件事，就很有可能会对其产生浓厚而真切的兴趣；年轻人要做一行爱一行，不能好高骛远，既要看到星空，也要看到脚下；而即使我们对某件事情产生了兴趣，也要根据实际情况执着于既定的选择，不因未达到自己的期盼而失落，也不因现状的不如意而低迷，在任何环境中都能乐观面对，勇敢地接受挑战，磨砺自己的意志并将之转化为前进的动力。

胸怀热望　炽血难凉

马宁先生深受人们尊敬，不单是因为她在科研方面取得的巨大成就，更是因为她胸怀热望,始终坚守报国之志,把知识用于支边,把心血献给扶贫,为所到的民族地区经济发展作出了重要贡献,可谓是治学一生,造福一方。她从实践中获得丰富的知识,深入研究绒山羊和细毛羊的性状发育规律,同时也亲自传授贫困地区农牧民细毛羊和绒山羊的科学饲养方法,培养边区少数民族技术骨干,不断选育羊的优良品种,进行品种改良,引入优良粮豆品种,还筹钱修路,尽自己所能改变边区人民的生活状况。

将科学研究与发展生产的基层工作紧密结合是马先生的特点,她踏过天山草地和科尔沁草原的每一寸土地,遍访草原上的每一处牧户、每一簇羊群,解决牧户养殖过程中的实际问题,将自己的科研穿插其中。20 世纪 70 年代初,内蒙古兴安盟科右前旗乌兰毛都蒙古族牧业乡发生了羊传染病,为了调查传染病的来由并且寻找防治办法,她深入疫区,实地观察羊群状况和牧民饲养管理方式,翻阅羊流行病学案例,进行病理分析和试验验证,终于有效解决了传染病。除了亲力亲为去解决牧民的燃眉之急,她还写出了培育优良兴安细毛羊的方案,手把手传授牧民羊群定期驱虫、饲养管理和健康养殖的方法,指导牧民进行种羊选择和绵羊品种改良。至今科右前旗的老牧民们还时常念叨着马宁的名字,回忆着马先生为科右前旗所做的一切。

马先生在吉林省少数民族地区贫困乡之一的西艾力乡的付出更令人感叹。西艾力乡地理位置偏远,交通不便,到处是连绵起伏的沙丘和斑状盐碱地,自然条件极其恶劣,生产力水平和人们生活水平极低。她带领其他专家多次调查研究后,提出“以农养牧,以牧促农,农牧结合,全面发展”的扶贫总方针,确定了“实行农、科、教相结合,依靠科技进步提高劳动者素质,从而推动农村经济发展,尽快脱贫致富”的总体思路。她不仅引进了多种优良粮豆品种,推广农业种植新技术,还指导农民打深井取水,利用废弃的盐碱涝洼地开发水田,筹集资金修筑柏油路。为了发挥畜牧业优势,她亲自给牧民讲课,传授畜种繁殖、品种改良、疫病防控的知识,通过典型示范户引导牧民科学饲养。这些努力从根本上改变了西艾力乡贫穷落后的状况，让他们在致富的道路上前进了一大步。

由于马先生在扶贫工作中作出了突出贡献，她获得过“农业部养羊基地县建设先进个人”“全国智力支边扶贫先进个人”称号，先后两次被评为“扶贫状元”。她还作为吉林省人大代表、全国人大代表参与到农牧业民生大事的商讨决策中。但是马先生并不在乎外在名声，她心中有一个乾坤袋，里面装着国家，装着人民，装着农业。农村农业、民生福祉刻在她心里，她一生都在为了这些伟大的事业而苦心孤诣地战斗。

马先生当选第九届全国人大代表

马先生身上似乎汇聚了羊在传统文化意义中的所有美好品格——美善忠厚，品德高尚，秉性温和；山羊的勇于攀登、不畏峭壁、一往无前的精神也在她身上体现得淋漓尽致。而即使荣誉加身，备受赞扬，马先生从未有过半分骄傲或懈怠，她一直秉持着低调谦逊、脚踏实地做事的原则，数十年如一日平凡质朴，不慕虚名，不喜张扬，只是默默地埋头苦干，全心全意为了国家和人民倾注所有的赤诚和热血。

马先生曾说，“祖国和人民，一直都在我心里。”是的，祖国和人民在她的心里，祖国大地在她的脚下，祖国人民在她身边，她早已将自己的满腔热忱、满腔热望,献给了自己的祖国和人民,真真切切地为祖国和人民作出了巨大贡献。人这一生很短,总要仰望些什么,信仰些什么,做成些什么,这样在他回首往事时才不会因虚度年华而悔恨,不因碌碌无为而羞愧。

桃李不言　下自成蹊

马宁先生作为吉林农业大学动物科技学院的教授,一名知识渊博、经验丰富、德高望重、从教五十余年的老师,十分在意对学生的培养。马先生并非居高临下地告诉学生应该做什么,或直接生硬地将理论知识讲述给学生听,而是带他们深入基层,实地学习,考察生产情况,掌握操作技术,寓教于乐,教学相长,在师生互动中完成大学教学。她坚信青年学子的力量是无穷的,这些年轻人是祖国的未来和希望,从他们的身上可以看到一代代畜牧人智慧的结晶,也能看到祖国光明的未来。

在马先生奔波在草原和牧区的那二十多年里,她主持承担的项目都是她和她的学生们以及现场同志共同完成的。她会耐心教导学生正确的技术,悉心听取学生的意见,和学生一起采集数据,一起进行科学研究。除了学业上的指导,她还教给她的学生更深刻的人生道理。她言传身教,潜移默化地影响着学生的为人处事方式,提升学生思想精神境界,培养他们对于事业和人民的热爱和对于祖国的忠诚和奉献。而她的学生们也没有辜负她的期望和殷切教导,后来很多都成为各个地区的骨干人才,为羊产业的发展不断添砖加瓦,贡献力量。

除了自己的学生,马先生还很注重对边区少数民族干部和技术工人的培养,毫无保留地向他们传授养羊技术,帮助他们提高理论水平,教他们如何整理资料,如何撰写文章。她将满腔诚恳的情谊和老师的爱,无私地传递给每一个渴求知识的人,不求回报,不辞辛劳。在马先生的眼中,每一个学子都是那样可爱,以至于一提到学生们,她的脸上都会泛起幸福欣慰的笑容。

马宁先生深刻地意识到，农民的富裕，农业的振兴，从来就不是一个人和一阵子的事，而是全国、全民族都为之不断奋斗的目标。回顾20世纪中国人民艰苦卓绝的奋斗历程，如果没有伟大的革命目标作指导，所谓奋斗将只是一纸空谈。当今时代，理想是指引每一位学子前行的明灯，带来无比的希望和勇气。在新的时代，马宁先生希望广大青年学子珍惜韶华，胸怀为祖国富强和民族复兴的远大抱负，刻苦学习，不忘初心，砥砺前行，做有理想、有担当、与时俱进、追求卓越的新时代青年，为祖国的建设贡献自己的青春力量。

马先生与学生合影

晨光熹微,流年不悔,坚守一片草原白羊,不染一点尘灰。马宁先生的精神和信念,勇气和力量,鼓舞着一代代畜牧人不断拼搏,激励着一个个青年学子奋勇向前!

来源:

[1]曲伟.知识用于支边 心血献给扶贫——记畜牧专家、全国扶贫状元马宁教授[J].群言,1996(01):30-32.

[2]《马宁老师和羊的不解之缘》(文/ 中国畜牧业协会羊业分会)https://mp.weixin.qq.com/s/RWjg14mqhV14TnGL5NVkgw

写作小记

写这篇文章时,我查阅了关于马宁先生的资料,将马先生的生平事迹和采访反复看了很多遍,越看越被马先生的坚守和热望感动。马先生那一代的畜牧人面对的科研条件都极为艰苦,科研给他们的身体和心理都带来非常大的考验,但是他们从来没有畏难,从来没有退缩,而是将自己投身试验,将成果献给人民。从他们的身上,我看到了畜牧人的信念——为科研献身、为百姓谋福的信念。理想信念为他们筑起厚厚的心防,也是他们奋斗的力量源泉。我们一定要努力传承他们的意志,学习他们的品格,在新时代奉献出自己的力量!

(文/中国农业大学动物科技学院2018级本科生　秦佳鑫)

注:书稿完成时,马宁先生因身体原因无法执笔,姜怀志教授作为跟随马宁先生时间最长的弟子,代马宁老师写下了下面这段话。

伴随着新中国第一个“五年计划”的实施,走进了共和国农业高校长子的校门,三载研究生学习和一载的任教,开启了一生为之奉献的养羊工作。栉风沐雨几十载,无论是参与三代细毛羊品种的培育,还是服务于农牧民,均是母校给予了知识的开启和强力的支持。感谢母校为我提供了奋斗终生的事业平台,感谢汤逸人先生等畜牧界前辈为我指引了奋斗的目标。虽然我已进入暮年,但我已将我在中农获得的“勤奋刻苦、追求卓越”的精髓传递到了东北,一代又一代人会将这种精髓在东北薪火相传!

姜怀志

2022.7.3

林春建：
归国扎根肉羊事业　为国为民谋福出力

林春建近照

林春建，博士，美籍华人，2016年回国，现任天津奥群牧业有限公司总裁。回国前就职于美国莫奈尔磨坊集团（百年家族企业），服务22年，最后10年担任集团高管。林先生1985年于北京农业大学动物营养专业硕士毕业后留校任教，1988年出国留学，1992年获美国堪萨斯州立大学动物科学博士学位，2002年获美国瑞德福大学工商管理硕士。在加入莫奈尔之前，林先生同他人一起在美国创立了以生物饲料添加剂为主营业务的农业理想国际公司。除在公司担任职务外，他还曾在美国的政府（美国维吉尼亚州）、学/协会（美国谷物化学家学会，美国小麦品质委员会）、研究所（美国农业部农科院、美国农业部软麦品质研究所）和大学（堪萨斯州立大学谷物加工系）兼职。

投身肉羊产业　勇担开拓重任

林春建先生从事反刍动物营养事业三十载，作为旅美反刍动物营养博士，是美国最早一批职业认证奶牛营养师。2016 年林春建先生归国，担任奥群牧业 CEO。在美国工作和生活了 28 年，为了妻子陈华和他们的肉羊事业，他断然放弃了已经稳定和一帆风顺的生活。在畜牧业、种植业从业多年，反刍动物营养学专业出身的他，从科研到管理岗位都曾涉及，对国内的畜牧行业研究和市场也非常关注。“如果说，奥群做的是牛或者蛋鸡行业，我一定不会放弃已有的生活，因为这两个产业已经很成熟，开拓的空间很小。”林总说，“但肉羊产业不同，这个产业还处在落后状态，需要有人跟陈华一起开拓这条路，走出第一步。”

奥群种业基地

奥群种业基地内景

奥群种业是国内从事种羊引进和选育的龙头企业,自 1998 年便从事国外肉羊良种的引进、繁殖、选育与推广,是全国首批国家级核心育种场,在肉羊育种及产业化推广方面是行业内公认的领军企业之一,也是天津打造百万只肉羊产业计划的“主力军”。与将种羊卖出高价相比,奥群人更期望能够通过对羊基因的研究,选育出更加适合中国饲养环境的商品化肉羊,从“种子”开始,建立和推广肉羊产业的“良繁体系”,推动肉羊向全产业化链条方向健康发展。多年来,奥群牧业给中国肉羊产业带来的变化是潜移默化的。现在有越来越多的企业、养殖户使用“奥群”种羊开创自己的养殖事业,提升改造当地羊群,并且这个队伍越来越呈现出知识化、年轻化趋势。奥群牧业正扛起中国肉羊育种的大旗,推动着中国的肉羊产业升级。

潜研种羊良种　助力产业发展

我国是世界上最大的羊养殖和羊肉生产大国。一直以来,我国大部分养殖企业都是以国外引进羊杂交繁殖,几代之后羊群退化就再从国外引进种羊,再繁殖，再退化。林总说：“如果我们没有优化，没有母本升级，最后，我们总是要受制于国外。”所以，将国外优良的种羊长久地留在中国，实现中国本土的羊基因优良化，这才是最为关键之处。

另外，我国更是羊肉消费大国。居民消费水平的提高和膳食结构的变化使得羊肉消费尤其是高端羊肉（羔羊肉）消费呈现稳步增长势头。但一直以来，肉羊产业发展缓慢，产业链松散且极不规范，饲养企业和农户长期处在薄利状态，受市场波动影响较大。同时，在农业政策、市场、环境因素的影响下，集约化已经成为未来肉羊养殖的趋势。然而，并非所有的羊都能在波动的市场和有限的养殖条件下给农户带来稳定的收益。湖羊品种繁殖能力高，非常适合集约化养殖，当前，几乎国内集约化养殖场都在以湖羊作为主要饲养品种。然而，从商品化的角度来看，湖羊体型较为纤细，生长较慢，出肉率低。“湖羊本身的缺陷是不能通过后天饲养弥补的，如果由于湖羊体型纤细，生长较慢就过度喂养的话，只会造成肉和脂肪分离，最后的结果只会影响肉质和销量。”林总说。

“澳洲白”是奥群牧业自 2011 年通过国家“948”计划，从澳大利亚引进的种羊品种，经过多年选育，存栏数已达 5000 多只，这是除澳洲本土以外世界上最大的澳洲白绵羊纯种种羊群体。“澳洲白”的优势在于，作为父本可以将身上适于生存和肉羊交易的基因传承下去。同时，根据奥群牧业多年记录的数据来看，“澳洲白”作为父本与本地绵羊杂交后，后代繁殖率能提高 110% 以上。显然，这与奥群牧业依靠稳定的种羊基因而进行的多年良种选育工作有关。林总说：“陈华引进的不只是“澳洲白”种羊本身，也把羊的谱系引进来了，这为后来的科技化选育打下了基础。”了解一头羊的谱系，就能通过科研手段对这头羊进行基因评估，进而进行选育工作。在不断地选育、风土驯化后，将最适合本土要求的种羊基因稳定下来，这就是引种育种的核心。

此外，在和田地区，有超过 17 万人靠养殖肉羊实现了脱贫。这正是得益于来自天津市的对口帮扶战略——百万只肉羊产业，打造饲料生产、种羊繁育、生产育肥、屠宰加工、冷链销售的肉羊全产业链。

为了帮扶和田地区贫困户脱贫,2017 年 12 月,奥群与天津食品集团合作,分别建设了策勒县核心种羊场和于田县肉羊扩繁场,配套建设了动物疫病预防控制中心,启动建设饲料加工和屠宰加工厂,并与和田地区行署签订了战略合作协议,拉开了肉羊产业对口帮扶的序幕。

"从接到对口帮扶和田地区于田县和策勒县的任务以来,我们选准肉羊产业深耕细作,逐步建立了肉羊育种、扩繁、育肥、饲料、屠宰、销售等全产业链帮扶模式,形成了系统的万只规模羊场技术管理体系。"林总介绍。针对新疆和田本地羊个体小、繁殖率低、品种严重退化等限制因素,奥群发挥育种、服务、技术优势,协助天津食品集团与当地政府建立县、乡、村三级扶贫肉羊繁育体系,通过利用高科技手段,施行"统一品种、统一饲料配方、统一疫苗防疫、统一技术服务、统一保护价收购"的"五统一"标准,划定地方品种羊的保护区和养殖区,搭建"种、养、加、销"产业链,稳健地开展地方品种保护工作,为和田地区高效舍饲、集约化肉羊产业体系建设奠定基础。

构建良好供求　实现互利双赢

在羊肉供求关系中,如何提高农户和企业的利益,同时让消费者购买的羊肉价有所值,这是肉羊产业链中需要平衡和解决的关键问题。

肉羊的品质,40%看基因,想提高肉质和产量,就要看基础母本和父本。引进和选育种羊、升级母本是奥群牧业董事长陈华带领奥群一直做的事情。"陈华对中国的肉羊事业是有贡献的。"林总说。2001 年,通过前期工作和资源积累,陈华董事长从澳大利亚引进"杜泊"羊品种,用来杂交繁殖,调整国内肉羊品种。

当前,奥群已经有了一套完整的选育体系:一是采用澳大利亚澳洲白育种协会国际标准,对种羊表型进行评估选育;二是与 ASACUS 等育种服务公司合作,采用计算机系统,对每只种羊的性状进行育种值评估和综合选择指数计算,进行指数选择;三是与世界顶级育种公司 Animal Bleeding Services(ABS)合作,聘用其国际化胚胎移植团队对优选出的种羊进行快速扩繁,加快优秀基因的扩展速度。

此外,新冠疫情给羊产业也带来了各种不确定性,如何降本增效、提升规模化羊场生产效率,是所有经营者要面对的挑战。为此,天津奥群牧业公司推出系列公益课程,核心重点是围绕关键节点,提升万只肉羊养殖企业的综合效益。

在 2020 年 4 月份,林总作为天津奥群牧业总经理兼营养师,担任主讲人,以“万只羊场,绵羊饲喂营养搭配及效益转换”为主题,对绵羊营养方面的特点及如何通过改变营养的配比从而降本增效进行梳理分析。林总兼顾国际国内两个维度,结合我们国家牧区、农区、半农半牧地区的不同特点,向同行,特别是大型万只以上的牧场讲解反刍动物营养管理。这为各大企业提供了思路及方法,能够实现企业和消费者的互利共赢,也为我国肉羊产业的正常运转提供了巨大的帮助。

林总公益直播

种羊是现代肉羊产业发展的基础,良种对畜牧生产的贡献率高达 40%。在中国企业的育种工作尚处于初级阶段时,奥群围绕肉羊产业发展的薄弱环节解决关键问题,系统化、全方位地测定、收集育种基础数据,实现肉羊选育流程的数字化。奥群占据肉羊育种科技创新领域的首要位置,用实际行动促进我国肉羊产业的发展。

身为奥群牧业总裁的林总对于我国的种羊产业发展作出的贡献是巨大的——深入基层进行实地考察，引进国外良种与本土羊繁育，为的是能够留住良种羊，形成国内羊养殖的良性循环；深入基层进行实地考察，为的是发展肉羊产业，带领农户脱贫致富；开展系列公益课程，担任主讲人，为的是把肉羊产业这块蛋糕做大做好，分给更多的人。林总带领着奥群牧业为民谋福，为国之发展助力。

相信我国的肉羊产业在越来越多像林总一样顾全局、谋大业的企业人带领下，一定会越走越好，越走越远。

来源：何苗．奥群：资本和科技　塑造完美种羊[J]．农经，2016(11)：29-33.

写作小记

通过资料的搜集及深入了解，林春建先生勇担重任、为民谋福的形象深印我心。是什么让林春建先生放弃在美国顺风顺水的生活而毅然回国？是什么让林春建先生带领奥群牧业不畏困难多年选育优良种羊品种？是什么让林春建先生大量投入人力、物力只为提高肉质和产量？答案是明确而唯一的——以奥群牧业作为种羊引进和选育的龙头企业，开拓我国肉羊事业，构建起肉羊产业链的良好供给，带动全国肉羊养殖企业，谋取全国全体民众的利益。

林春建先生，一位为国为民谋福的企业人，是我们农大学子学习的榜样，是扎根我国农林牧渔业千千万万民众的代表。我们农大学子定向林春建先生看齐，心系祖国，以宽广的胸襟、立足于更为远大的志向，为民谋福，为国助力！

（文/中国农业大学土地科技学院2020级本科生　苏礼）

改革开放给了我们接受高等教育的机会，母校赋予了我们专业知识，也开阔了我们的眼界，祖国的发展让我们能够把学到的知识得以应用，从而改变了人生。感恩祖国，感恩时代，感恩母校。

2022.6.25

李金泉：矢志教研　勇于创新

李金泉近照

李金泉，1957 年 1 月生，内蒙古土左旗人，中共党员，内蒙古农业大学教授，博士生导师，享受“国务院政府特殊津贴”专家，“新世纪百千万人才工程”国家级人选，内蒙古自治区“新世纪 321 人才工程”、高等教育人才培养“111 人才工程”一层次人选，自治区“草原英才称号”“杰出人才奖”“优秀专业技术人员奖”“青年优秀教师称号”“有突出贡献的中青年专家”。曾任国家绒毛用羊产业技术体系岗位科学家、国家畜禽遗传资源委员会委员、羊专业委员会副主任委员、国务院学位办畜牧学科评议组成员、内蒙古农业大学副校长。现任中国畜牧兽医学会动物遗传育种学分会、养羊学分会副理事长，内蒙古畜牧学会理事长，国家肉羊遗传改良计划专家委员会成员，《中国农业科学》等杂志编委。

矢志科研　不断探索

李金泉老师1982年1月毕业于内蒙古农牧学院(现内蒙古农业大学)畜牧专业,同年留校从事动物遗传育种与繁殖学科的教学、科研和学科建设工作。为了汲取更多的知识,为我国畜牧科研工作献出更多的力量,他选择了继续学习深造。1985年李老师在内蒙古农牧学院继续攻读动物遗传育种专业的硕士研究生,师从刘震乙教授,并于1988年获动物遗传育种专业农学硕士学位。求学的过程无疑是枯燥乏味的,但是他坚持不懈,不言放弃,继续寻找机会来提升自己的科研能力。1999年至2000年,李老师前往中国农业大学,作为高级访问学者,主攻数量遗传学、分子遗传学与家畜育种,并在中科院院士、著名动物遗传育种学家吴常信教授的指导下完成了“内蒙古白绒山羊育种原理与方法研究”的访问学者报告。2001至2005年,李老师进入中国农业大学,师从吴常信教授,继续攻读动物遗传育种博士学位,并于2005年3月获得了博士学位。学成之后,李老师继续在内蒙古农业大学进行教学和科研工作,将其所有心血投入到了畜牧科研与教书育人工作中,孜孜不倦,满心热爱,无怨无悔。

苦心钻研　硕果累累

李老师多年来从事动物遗传育种和家畜品种改良工作。他不畏环境的恶劣,不断进入内蒙古的广大牧区进行实地考察,将生产一线中存在的实际问题带到实验室进行研究,开发高效的家畜育种和生产技术,同时将生产一线的实践经验进行总结和推广。李老师能在艰苦的试验中作乐,在重复枯燥的工作中追求生产方法的最优解,日复一日不懈追求,在选育适合内蒙古自治区草原的“乌珠穆沁羊”“苏尼特肉羊”“内蒙古白绒山羊”“巴美肉羊”“昭乌达肉羊”和“草原短尾羊”等家畜新品种中起到了关键作用,为我国畜牧业作出了重要贡献。他苦心钻研,带领团队在绒山羊育种原理与方法、绒毛生长调控机理等研究

李老师与同行在科研基地开展工作

李老师查看羊群生长状况

领域建立了一系列方法和理论,发表论文230篇,其中SCI收录29篇,授权发明专利2项。李老师先后主持了国家、自治区级重大科研项目十余项。由于自身的严谨与坚韧,李老师的科研工作受到了认可和褒奖:2001年获“内蒙古青年科技创新杰出奖”和学校“校长特别贡献奖”,2003年获学校和教育厅优秀共产党员和全区“优秀专业技术人员”称号。1985年、1986年、1988年获得农业部科技进步二等奖;1987年获林业部科技进步二等奖;1988年获国家科技进步二等奖;1990年、1997年获自治区科技进步二等奖2项;1997年、2000年分别获自治区普通高校教学成果一等奖、二等奖;2003年、2007年获自治区科技进步一等奖2项;2005年获全国农牧渔业丰收奖三等奖,2007年获中华农业科技奖三等奖;2013年获国家科技进步二等奖。这些令人羡慕的奖项与业界的褒奖并没有使李老师就此止步,相反,他在创新钻研的道路上继续砥砺前行,继续为畜牧科研和生产一线提供更多的智力成果。

诲人不倦　培育人才

李老师坚持投身于畜牧教学和科研一线,并担任过许多职务。他于1991年任内蒙古农业大学动物科学系副系主任,1996年任动物遗传育种与繁殖学科副主任,主持学科工作,1997年任生物工程系系主任,1998年晋升为教授,任动物遗传育种学科主任,1999年任动物遗传育种自治区重点实验室主任,2001年任动物科学与医学学院院长,2004年任内蒙古农业大学副校长。李老师乐于将科研和育人工作结合,在学术研究之余把大量精力投入到育人中,希望培养一批像自己一样乐于钻研学术和教书育人的畜牧英才,为畜牧业的发展和我国的现代化建设作贡献。

李老师始终坚守在课堂教学第一线,始终关注学生成长成才,已培养硕士、博士研究生近140余人。他主讲多门课程,先后讲授“动物遗传学”“家畜育种学”“动物遗传育种原理与方法”“动物育种学总论”“动物育种学各论”“动物生产学”等多门专科、本科和研究生课程。其中,“家畜育种学”被评为国家级精品课程、国家精品资源共享课。李老师重视教材的建设,曾任副主编出版了《实用动物生产学》等地方教材、参编了全国面向 21 世纪统编教材《动物遗传原理与育种方法》《家畜育种学》,是《中国畜禽遗传资源志 · 羊志》副主编,出版《绒山羊生产学》等 4 部科技丛书。李老师在不断前行的科研道路上严格要求、约束自己,在教书育人上更是如此,培养了一个又一个优秀的学生。他总是教导学生能够“实”“行”“理想远大”“信念执着”,并且做到习近平总书记所提出的四点——“爱国、励志、求真、力行”。他以本科教育为本,突出学生成长成才,提出“教师工作的归宿是学生”的观点,体现学生主体思想。李老师总是说:“做人要先孝而后忠,在精神方面,要具有蒙古马精神,做到吃苦耐劳、勇往直前,在行事方面,要做到三思而后行。”

李老师始终相信“实践是最好的老师”。他花费大量时间带领同学进入生产一线进行实践,带领动物遗传育种大学生小分队分别走进包头市现代农牧业科技创新服务中心和包头市农牧业科学研究院,开展暑期教育实践活动,让学生看到畜牧生产一线的实际过程。与此同时,他组织带领学生在包头农科院参观连栋智能玻璃温室育苗区、科研生产区、无土栽培展示区、花卉果树育苗区和果树示范园,并介绍了近年来包头农科院在作物育种、设施农业、果树引种、院士工作站合作等方面的工作,增进学生对我国的农牧业发展情况的了解,拓宽学生的视野,培育全能型农业人才。

李老师乐于和学生分享自己的求学经历,曾以《我的农大之路》为主题与同学们充分互动;以习近平总书记的话语“理想因其远大而为理想,信念因其执着而为信念”为题,讲述自己在农业大学求学、成长、奉献的点滴,回顾学校近七十年的历史和改革开放以来不同发展阶段,也从自身出发,说自己在大学期间遇到了一个好的班主任、一个好的班委会、团支部、一个好的班集体和一批教学严谨的好老师是自己能够成长成才的关键，勉励同学们发扬能吃苦、会吃苦、敢吃苦、努力学习、不断拼搏的精神，永远保持远大的理想、执着的信念，以农大为傲，并在将来为农大和社会作贡献。

李老师为学生开展讲座

在多年的教书育人工作中，李老师积累了丰富的教学经验，教学成就也硕果累累：于 1992 年获自治区首届“优秀青年教师”称号，于 1993 年获学校首届“教书育人奉献奖”，于 2001 年获“国家教学成果二等奖”，于 2009 年获“自治区普通高校教学成果一等奖”，于 2019 年获“第七届感动内蒙古人物”。

在长期的学习、科研和教学工作中，李老师渐渐感悟到：创新才是一门科学的灵魂和永葆生机的发展源泉；不断钻研，不断创新，坚持与时俱进，才是一个科学工作者毕生必须坚持的求学、治学之道。因此，他一直把从事学科理论创新和技术创新放在头等重要的位置。无论求学还是科研工作，他都把这种理念放在心上，并在日常的工作中不断将其潜移默化地传递给学生，使学生也将这种理念永刻心间，为我国的羊产业培养了一批批优秀人才。

从寒窗苦读到学业有成，从初出茅庐成为人师到学子遍天下，从艰苦环境中潜心钻研到科研硕果累累，李老师为推动我国羊育种产业贡献力量，为畜牧业的现代化培养了大批人才。李老师是一代畜牧科研工作者的代表,其故事将激励畜牧的学子们继续努力进取,为推动我国畜牧业的发展提供更坚强的智力支持。

来源:

[1] https://www.imau.edu.cn/info/1028/5464.htm

[2] https://gonghui.imau.edu.cn/info/1100/4677.htm

[3] https://m.sohu.com/a/157016920_99893801

写作小记

回望李金泉老师的人生历程,他从一名有远大抱负的青年学子,到一名桃李争妍的教师、成就非凡的教授,这样身份转变的背后体现了李老师做人做事的一种热忱,一种责任感,一种精益求精的性格,一种不断追求的精神。在李老师看来,不管是学业、科研,还是教书育人,都是一件件能做成的小事,也是一件件需要自己认真对待、精益求精的大事。正是这种性格与品质,使得李老师在方方面面都能做到游刃有余。李老师时常告诫学生的这句话,“做人要先孝而后忠,在精神方面,要具有蒙古马精神,做到吃苦耐劳、勇往直前,在行事方面,要做到三思而后行”让我也同样获益匪浅。

李老师从寒窗苦读到学业有成,从初出茅庐的教师到桃李无言的教授,从潜心钻研硕果累累到投身科研造福百姓,这么多年来一直不忘初心,默默地为羊研究、为社会民生无私奉献着,他不慕名利,潜心钻研,悉心培养下一代有志青年,让人心中油然生出敬佩之情。

(文/中国农业大学动物科技学院2020级本科生　王佳欣)

1983年以来曾在母校培训、进修、访学和攻读博士学位，这块求学圣地是我专业理论、科研能力得以不断提升的摇篮。我永远不会忘记母校浓郁的学术氛围和每位恩师对我的辛勤哺育，这让我受益终生。衷心祝愿母校明天和青年学子的前程无限美好！

2022.6.24

张嘉保：
心系脱贫攻坚业　俯首甘为孺子牛

张嘉保近照

张嘉保，男，1963年8月出生。1983年获黑龙江八一农垦大学畜牧专业学士学位，1986年获解放军兽医大学动物生产学硕士学位，1990年获北京农业大学动物繁殖学博士学位。吉林大学动物科学学院院长、教授、博士生导师，长春国家实验动物中心、吉林省模式动物工程研究中心主任，国家肉牛牦牛产业技术体系岗位科学家，动物科学国家一流专业负责人，畜牧学吉林省特色一流A类重点学科带头人。国务院特殊津贴专家，吉林省拔尖创新人才、突出贡献专家，第四届中国优秀青年科技创新奖获得者，长春市十大青年科教明星，解放军原总后勤部“科技新星”、“十佳文明服务个人”、二等功臣、三等功臣。曾获吉林省第三届青年科技奖、吉林省人民政府现代牧业经济发展先进个人、吉林省第十二批有突出贡献的中青年专业技术人才；兼任国家科技奖励办养殖组评审专家、中国畜牧兽医学会动物繁殖学分会副理事长、全国农业硕士(畜牧领域)教学指导分委会副组长、吉林省畜牧兽医学会理事长、吉林省科技强牧联盟副理事长、吉林省科技助力乡村振兴绿色农业服务团副团长、国家特种经济动物科技创新联盟副会长。

勇探科研　锐意进取

张嘉保老师于1983年获黑龙江八一农垦大学畜牧专业学士学位，1986年获解放军兽医大学动物生产学硕士学位，1990年获北京农业大学动物繁殖学博士学位，是我国培养的第一位动物繁殖学博士。

张老师热爱工作，为人师表，甘为人梯，承担了硕士生“动物繁殖学”“动物生殖生理学”等课程，本科生“动物繁殖学”“动物遗传育种学”等课程的教学任务。作为技术负责人培育了“吉戎兔”和“延黄牛”两个国家畜禽新品种，其已获授权国家发明9项，发表论文150余篇（其中SCI收录50余篇），主编（参编）专著与教材11部，培养博士后5名、博士生33名、硕士生61名。

张老师主要研究领域为动物分子育种与胚胎工程，他瞄准国际学科发展前沿，多次赴日本、美国、澳大利亚进行合作研究和学术交流，根据畜牧业实际需要选题，注重用科研成果指导畜牧生产，取得了显著的成效。近年来先后主持和参加国家“863”、自然科学基金等11项科研课题，获科研成果7项，其中军队科技进步二等奖3项、三等奖4项，主持完成的“家畜冷冻精子体外获能的研究”，专家评审认为是目前报道的较全面的有关精子体外获能的论文。在马、驴冻精体外获能和比较猪鲜精与冻精获能方面有较大的创新，部分研究成果达到国际先进水平，填补了学科空白。张老师还主持完成了母猪不孕机制及提高繁殖力的研究课题，系统、深入地研究了母猪不孕的内分泌和免疫机制并据此提出了提高母猪繁殖力的措施，可使母猪受胎率提高20%左右，平均窝产仔数提高 1～2 头,经专家评审,研究结果独具特色,居于国内领先水平,具有重大的实用价值和可观的经济效益。1990 年以来,他与其他同志一起承担试管动物及无性繁殖的研究,取得了突破性的进展,其中利用体外受精胚胎生产试管犊牛的研究在国内首次成功获得一胎双犊,对推动我国畜牧业的发展,加快家畜的品种改良具有重大而深远的意义。

联系实际　进藏锻炼

张老师注重理论联系实际,自觉到艰苦环境中锻炼和充实自己。他先后 7 次赴藏工作,为驻藏部队养殖场设计出适应寒区的牛舍、猪舍,制定了畜牧养殖发展计划。1996 年他根据部队需要制定了“西藏高原猪繁育与优化生产模式”研究课题,创建了西藏自治区规模最大、品种最全的种猪繁育基地和功能齐全的动物中心医院。经科学指导,猪的日增重达到了 0.75 千克,死亡率在 1% 以下。1997 年,第三次进藏时,正值某汽车团农场投资 39 万元购进的仔猪暴发烈性传染病,他与课题组其他同志立即组织会诊并采取科学的防治措施,使农场免受了重大经济损失。同时,为驻藏部队和地方举办了 8 期培训班,参训人数 426 人次。在西藏从事科研 3 年间创直接经济效益 150 万元,受到国家科委和西藏自治区、西藏军区领导的高度评价。解放军原总后勤部为他记二等功一次,并授予“十佳文明服务个人”荣誉称号。

坚守情怀　授人以渔

中国草原红牛是吉林省通榆县特有的红牛品牌。张老师 1996 年开始草原红牛的研究,二十多年的钻坚研微,求索不止,对中国草原红牛的繁育作出重大贡献,成果卓越。2017 年,张老师参与吉林大学定点扶贫工作,从此与通榆县结缘,在红牛产业不知何去何从之时,他将多年的科研成果与当地红牛资源相结合,致力扶贫攻坚。

牛的新品种培育是职业的需要,亦是一种情怀的坚守。二十载的潜心研究,张老师在草原红牛的分子标记、胚胎移植和高效快繁等方面积累了丰硕成果。同时他认为,做畜牧业、做农业研究是一种情怀,因为农业科学研究是一个周期长、见效慢的行业,但它确实是国民经济的一个支柱。因为需要,且重要,尽管前路漫漫,道阻且艰,他仍然选择去开拓、去探索。张老师肉牛团队足迹已遍布全国10个省区,16个贫困县,在吉林省重点扶持的西部的白城市和东部的延边州,探索出适合当地的扶贫模式。

通榆县有很久的养牛历史,这里的草原红牛主产区有90多户的养牛户,养牛规模很大,但因为多年没有系统地选育和扩群,导致草原红牛的群体数量不断减少,个体的生产性能也在下降,出现了遗传学上的退化现象。

授之以鱼,不如授之以渔。张老师认为在通榆县扶贫主要是智力扶贫,改变农户固有的传统思想和习惯,让他们掌握新技术,拥有独立生产能力,能够一代代传下去,让农户自己有能力脱贫,避免脱贫再返贫。脱贫不是终点,不返贫,共同富裕,才是最终的目标。

张老师在通榆县

扶贫之路要走得实在且长远。通过多年探索，张老师团队已经形成三种成熟的扶贫模式。考虑到通榆县的问题是草原红牛的群体小，又没有大企业和大量的资金投入，所以，张老师选择通过扶持现有的几个养牛企业，让它们提高技术水平，逐步发展为大企业，再通过这些企业的示范作用带动贫困户脱贫。技术成熟后，再组织合作社，让农牧民都能共同参与，把技术推广下去，组织大家一起脱贫，共同富裕。在张老师团队的带领下，扶贫效果日益显著，现已扶持5个养殖企业，带动90余户贫困户脱贫致富，并为通榆养殖业争取财政奖金200余万元。

兢兢业业　事必躬亲

走出实验室，与生产实际相结合；脚踏实地，秉承实干精神，是张老师作为科研人的职业操守，更是他为人处事的准则。

张老师在通榆县工作时经常工作到深夜，第二天又要起早开始新的走访。张老师总是亲自为红牛养殖户的红牛做人工授精，几乎不休息就赶去下一个养殖点，农户常会赞叹身为国家级专家的张老师不在意身上常被溅上牛粪，总是自己动手操作，十分敬业。在百姓的口中，张老师是一个真正扶贫的人，他用言行诠释着“敬业、精益、专注、创新”的工匠精神。

默数春秋耕耘路。用了20年的时间，第一个养殖点从两头牛发展到现在拥有500多头牛，成为一个蓬勃发展的企业。还有一个贫困户5年前向牛场赊了3头牛，慢慢地学、一步步发展，如今已经发展到40多头牛，2019年一年收入10万。百姓通过张老师团队的红牛养殖项目，尤其是通过当地的草原红牛项目实现了脱贫。张老师以一颗“俯首甘为孺子牛”，默默无闻、无私奉献的赤子之心，助力一个又一个扶贫企业的壮大，助力一户又一户贫困户的脱贫，助力一头又一头红牛的茁壮成长。

进军智慧牧业　保护我国牛种

智力扶贫是第一步。张老师计划主要通过技术推广、技术转化的方式去服务通榆县的红牛产业发展,形成“吉林大学—企业—贫困户”的智力扶贫模式,将智力扶贫打造为吉林大学扶贫的主要特点;同时尝试智慧牧业,开发一些智能养殖技术,发挥学校多学科优势,如电子工程、计算机应用、农业机械工程等,把多学科综合起来研究出自动分栏系统、自动称重系统等成果,促进畜牧生产和畜牧业的发展。

张老师希望打赢脱贫攻坚战后,还要继续科技助力乡村振兴。打好精准脱贫攻坚战是乡村振兴战略的优先任务。在扶贫过程中,不仅要把科研力量投入进来,更重要的是把科研成果转化出来,包括育种、繁殖、饲料、营养、育肥、屠宰加工等,实现一体化,形成完整的产业链;将科技、农业、畜牧业、经济、文化、旅游等结合起来,形成完整的经济体。脱贫攻坚不是终点,而是乡村振兴的新起点。

张老师与其他研究人员和领导

来源:本文在吉林大学动物科学学院《张嘉保》(文/未知)、吉林大学《吉林大学张嘉保:铸造草原牛魂　打造中国牛路》(文/高洁)的基础上修改而成,标题为编者所拟。

写作小记

最开始决定撰写张嘉保老师的校友采访稿时,我是既激动又兴奋的。我庆幸能有这样的一个机会去好好了解张老师的事迹与精神品格并且有幸能够写这篇文稿。在了解张老师过往事迹的过程中,我有着深深的感触:作为我国培养的第一批动物繁殖学博士,他有着那么高的成就,仍能做到不怕苦不怕累,事必躬亲,前去一线定点扶贫,二十载如一日地坚守情怀,脚踏实地,始终保持着一颗赤子之心,心怀国家畜牧业与农业的发展,默默无闻地做着助力乡村振兴的实事,实乃国家之幸事,也是我等农业学子的楷模与学习目标。我们应当时刻谨记读书不单是书本,也要走出实验室,与实际结合,心怀家国。

在我写完采访稿的第二天就收到了张老师认真详尽的批注与修改建议,这令我十分感动,也很快仔细地修正了不足之处;虽未见过张老师一面,但我已能感受到他是个多么真诚而又高效的人,能够撰写他的校友采访文稿实在令我受益颇多。

(文/中国农业大学动物科技学院2018级本科生　杨璐)

1990 年从原北京农业大学畜牧系繁殖组博士毕业，至今整整三十二年，正可谓“三十二年过去，弹指一挥间”。恩师董伟先生的悉心教诲和言传身教，至今仍然鼓励着我在动物繁殖的学术道路上前行。三年的博士求学生涯，是我人生最难忘的经历和宝贵财富。感恩母校、感恩繁殖组的各位先生。祝愿母校和动物繁殖学科的明天更美好！

张嘉伟
2022年6月30日

洪琼花:与“羊”共舞　最美“羊妈妈”

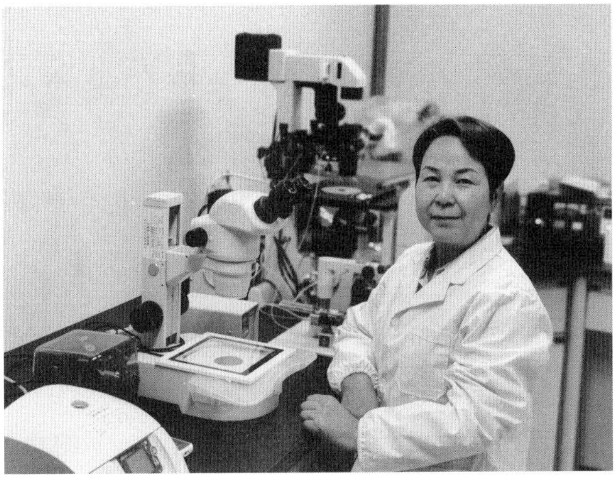

洪琼花近照

洪琼花,女,1968 年 12 月出生,云南省畜牧兽医科学院党委书记、院长,二级研究员,云南省产业技术领军人才,云南农业大学硕士生导师;中国畜牧兽医学会养羊学分会副理事长,中国畜牧兽医学会动物繁殖学分会常委理事,云南畜牧兽医学会副理事长兼秘书长;全国三八红旗手,云南省先进工作者,云南省有突出贡献优秀专业技术人才,曾获新中国 60 年畜牧兽医科技贡献奖(杰出人才),中国农学会青年科技奖;享受国务院特殊津贴;所带领团队被授予“全国巾帼文明岗”。洪老师 1990 年毕业于北京农业大学畜牧系,2002 年获中国农业大学动物遗传育种与繁殖学硕士学位。

近 30 年的畜牧科研工作,洪老师参与育成了云南半细毛羊,主持育成了云上黑山羊两个国家审定的自主培育的新品种;建立了羊胚胎移植高效扩繁技术体系并进行规模化推广应用;研究建立了家畜遗传资源保存技术体系。“热爱、坚持、传承、团队、产业”这五个关键词是她取得如此骄人成绩的原因总结。

热爱　让事业有了温度和高度

洪琼花老师生长在农村,20 世纪六七十年代农村的生活条件艰苦,道路全是土路,一下雨就泥泞不堪,没有电,没有自来水,可以说是吃不饱穿不暖,一年也吃不上几次肉。洪老师小时候干过农活,也养过羊。每当她看到那些散落在蓝天碧草间,像“黑珍珠”“白珍珠”一般的羊群,总会被它们吃草时的温顺、跋涉时的执着吸引。1986 年参加高考,洪老师成为村里唯一的女大学生。凭她的分数有很多选择,也许是受了羊儿们生命纯洁而坚强的吸引和感召,她的高考志愿填报了北京农业大学畜牧专业。这个专业在当时是冷门专业,有些人甚至还有偏见,就连她的父母亲都有点不理解,他们觉得农民种粮养畜的天赋是与生俱来的,以为考上大学就不用再做种粮养畜的农事了,没想到自己的女儿还专门去北京学养牲畜。在他人的误解与偏见下,以前从未出过县门的洪老师还是怀着兴奋和激动的心情来到了首都,开启了她的人生新篇章。

大学四年的学习中,因路途较远,不能每学期回家,她就去老师的课题组,做些数羊毛、测量羊毛长度的科研实践,也使她无形中更加喜欢上了温顺合群的羊,喜欢上了关于羊的科研工作。1990 年,洪老师以优异的成绩毕业,受到当时云南省畜牧兽医科学院高源汉——云南养羊界的权威、国内有名的绵羊育种学家的赏识,进入了云南省畜牧兽医科学院工作,开启了她从事羊产业,投身国家羊业发展,贡献智慧与奉献力量的人生。

洪老师每每回想起过去,她都很庆幸自己当时的选择,并下定决心来养羊,做羊的研究,成为一名合格的“羊妈妈”。

坚持　时间是最好的朋友

1990—2000 年是洪老师大学毕业后起步做研究的前十年,她参加了国家“八五”科技攻关课题——“云南半细毛羊新品种培育”。育成的云南半细毛羊,成为我国第一个半细毛羊新品种,为我国南方的高寒山区提供了脱贫增收的优势畜种,成果也因此获 2002 年度国家科技进步二等奖和 2001 年云南省技术发明一等奖。

在那十年里,洪老师每年都要常驻在永善县马楠山上的育种基地。马楠山属高寒特困民族乡,海拔 2800 米,年平均气温 7℃,降水量 1770 毫米、阴天日数 240 天、相对湿度 80% 以上,有的年份 5 月份还会下雪。这样的环境条件正是经她的老师高源汉多年研究出的云南半细毛羊最适宜的生长环境。当时的育种基地条件艰苦,全是土坯房,衣服要晾晒在外面,没有电没有水,吃的就地取材,用羊粪烧洋芋,喝的水靠到几公里外的水源点取。由于当地湿冷、低温、多雨,农作物十年九无收,开荒也解决不了吃饭问题,农户只能靠发展养殖来增收。每当四、五月份种羊鉴定的季节,洪老师等人就需要早上三四点钟起床,翻山越岭,天亮前要到达村子进行羊群鉴定、打耳标等育种工作,还要手把手教群众,不耽误农户放羊。他们早年进行研究的时候连电都没有,更别提先进的仪器设备,就靠一把测杖、一根软尺和一本羊毛细度标样开展育种工作。而 12 月至翌年 1 月的寒冬又是半细毛羊产羔的季节,在零下十几度,滴水成冰的羊圈里,洪老师等人要保证每一只羊能顺利生产、每一只小羊能健康成长。春天,上万只羊进行药浴;秋天,上万只羊在山上的临时配种站或者农户家中人工授精配种,工作十分辛苦。有一次又到产羔季,洪老师与另一名同事被派到永善马楠山云南半细毛羊育种场开展接羔育幼工作。为了加强母羊和羔羊补饲,必须向县畜牧局领导汇报，但被多日的风雪阻隔在山上，工作又不能被耽误，两人只好步行上、下山，来回艰难跋涉花了整整两天才回到基地。在这样的生活工作条件下，有的同事当了逃兵。当时洪老师也有过彷徨，她心想，为什么非得选择研究条件最艰苦的羊呢，选择猪和鸡也可以啊，从事猪和鸡的研究条件相对好得多，尤其对一个女孩子更合适，但比较下来，她还是喜欢蓝天碧草间、大草原上的羊，它们意味着纯洁、天然、绿色、生态。经过强烈的心理斗争后，她下定决心留在马楠山，做羊的研究工作。这样的研究和成长过程练就了她科研的基本功和坚忍不拔的科研精神。

1995 年 5 月，云南半细毛羊通过了国家畜禽委员会的现场审定，这一重大成果填补了我国无粗档半细毛羊的空白，解决了在物质匮乏年代穿和用对半细羊毛的需求，尤其解决了高寒、少数民族地区群众“吃、穿、用”的问题。

云南半细毛羊育成了，老前辈们也退休了，洪老师迎来了科研工作的瓶颈期，面临没有科研项目可做的境况。当时职称还很低，在科研上还没有成长起来的她无项目可做，非常困惑，不知道项目和方向在哪里。回学校继续读书，提升自己，是洪老师当时下的又一个重大决定。其实那个时候她已经成家，并有了小孩。她觉得人的一生很短暂，工作时间更是短暂，能在这短暂的时间里为国家做点事，为自己所从事的事业留下点东西，也不算枉活一生，也不辜负国家的培养和大家的期望。家人也支持她。这一次，她选择了在职攻读中国农业大学动物遗传育种与繁殖专业硕士学位。与此同时，在单位领导的支持下，洪老师前往新疆学习羊的胚胎移植技术，在新疆塔城一个种羊场一待就是近三个月，与老师一起边学习边实践，凭着自己的专业知识功底和悟性，很快掌握了此项技术。洪老师学成后回单位即在云南省种羊场开展了试验，并取得成功。在中国农业大学攻读学位期间，她也多次参与导师课题组开展的胚胎移植工作，其中令其受益最大的是在内蒙古乌拉盖参加的世界首例“万枚胚胎移植”，该项目由香港屹昌科技集团、美国 CCI 集团共同实施，其间她学会了腹腔镜胚胎移植技术。拿到硕士学位回单位后,洪老师担任“良种肉用山羊胚胎工程及产业化”项目执行负责人,成功组织实施了该项目,并获得两项省科技进步二等奖,成果推广应用到国内的7个省(区、市)。

胚胎移植是技术手段,良种才是畜牧产业发展的核心和基础。山羊是云南养羊业的主体,数量占了云南全省羊存栏的90%左右,主要分布在山区、半山区。20世纪90年代以前,云南省的山羊养殖不受重视,1994年在云南省科技厅的支持下,实施了首个山羊方面的科研课题。沿着前辈们的科研思路和打下的基础,2000年洪老师承担了黑山羊新品种培育的重任,并带领团队,重新理思路、调方案、建基地,组建育种群体,开展种羊鉴定、选种选配工作,融入分子育种、胚胎移植高效扩繁等现代科技,日复一日,常年奔波在各育种基地之间,牺牲了无数的节假日、周末,经过22年的艰苦努力,终于在2019年4月28日通过国家畜禽遗传资源委员会的审定,拿到国家畜禽新品种证书。

云南半细毛羊选育历经25年,云上黑山羊选育历经22年,羊胚胎移植高效扩繁技术体系建立并进行规模化推广应用历经19年。这些成果都需要几十年如一日的坚持和付出。

传承　站在前辈的肩膀上

科学技术的研究是个相当漫长的过程,这离不开一代代科研人员经验的传递和知识的更迭。30年前,洪老师从第一天踏入畜牧业科研起,就始终坚信这一点。看到老一辈科研人员的忘我付出,她常想,一代人有一代人的奋斗,一个时代有一个时代的担当,怎样才能不辜负国家对自己的培养,如何才能最大程度地发挥自己的光热?洪老师希望能为自己所从事的事业留下点什么。刚毕业,她就有幸参与到“云南半细毛羊新品种”培育课题,跟着老前辈们刻苦学习。他们有强烈的社会责任感,热爱自己所从事的事业,以全情投入的方式对待工作,这些都逐渐内化为她人生的信条。像科研前辈一样,她自己在努力工作的同时,注重把技术和经验传授给年轻人。如今,华发渐生的洪老师,探索的脚步从未停歇,对科研工作的任何一个环节,都精益求精,一丝不苟,对学生也是如此。从年轻人写的科研报告到实际操作,她都一字一句地修改、手把手地教,从一开始就规范他们的科研行为、锻炼他们的科研精神。比如,在胚胎移植过程中,洪老师手把手地教年轻人如何进行胚胎移植,在胚胎移植过程中应该注意哪些关键点才能提高移植成功率,教他们如何在显微镜下发现胚胎、区分胚胎的质量好坏,如何进行胚胎回收和移植,就这样,她培养了能熟练操作胚胎移植的技术人员30余人。在从事云上黑山羊育种的过程中,洪老师手把手地教年轻人如何鉴定种羊,如何从外貌、长势评价一只种羊的优劣,就这样在近20年的时间里,使参与育种工作的50余人均能准确评价种羊、选择种羊。

多年的研究工作,让洪老师有机会接触到全国羊研究的顶级专家,和这些专家的接触和沟通,使她今后研究的方向和目标更清晰,也更坚定了她实现这些目标的决心和信心。

团队　打造科研工作的闭环

在几十年的科研工作中,洪老师团队承担的主要科研任务涉及绵羊和山羊的育种、胚胎工程技术、畜禽遗传资源种质评价及保存等领域的几十项国家及云南省重要科研项目;获得的重要科研学术奖励有10余项,其中国家科技进步二等奖1项、云南省技术发明一等奖和三等奖各1项、云南省科技进步一等奖1项、云南省科技进步二等奖4项、云南省自然科学三等奖3项、其他奖5项;发表重要学术论文130余篇;获得发明专利授权6项;著有重要专著7部;制定了2项地方标准。

要完成这些科研任务,仅靠洪老师自己或少数几个人是不可能的,必须要靠围绕科研工作上、中、下游整个创新链的人才团队作为支撑。在这个研究团队里，洪老师因为团队工作踏实努力，赢得了有关部门以及很多养殖企业的信任，为养羊科研工作的开展营造了良好的氛围。同时，也是由于在一个高起点的团队里工作，业绩一点点地积累起来，最后终于形成了大的成果。历经22年，在整个课题组的不懈努力下，终于成功培育出我国第一个黑山羊新品种，为云南乃至我国南方的广大山区、半山区提供了脱贫增收的优秀畜种。

洪老师与云上黑山羊合照

科技创新，关键在人才。在洪老师主持的多个重要课题中，先后吸纳了20多名有培养前途的年轻人到团队中，从国内引进2位博士、招收2名外国籍博士后（摩洛哥、巴基斯坦）加入团队，力图为年轻人施展才干提供更多的机会和更大的舞台。团队先后建立了“云南省畜禽遗传资源保护和种质资源创新利用工程实验室”和“云南省肉羊工程技术研究中心”等科研平台，团队已经成长为“云南省畜牧兽医科学院羊产业技术研发与应用省创新团队”。如今，团队已成长为女性占60%以上的巾帼团队，荣获“全国巾帼文明岗”称号，展现了女性半边天的风采。“羊妈妈”，不再是一个人，而是一群人。

洪老师科研团队

产业 服务地方经济社会发展

童年时的洪老师,自己养过羊,也见别人养过羊,曾深刻感受过养着羊,但一年也吃不上一次羊肉的滋味,也深知如果养羊却不能改善人的生活是多么无奈。因此,当云南半细毛羊和云上黑山羊培育成功后,它们能够切实地投入到生产中并能成为高原上的又一项农村产业,她感到了无限的欣慰。

科研工作如果不服务于产业,科研成果就很难凸显出它的现实意义。服务地方经济社会发展,助推产业发展是畜牧科研人员的历史使命。在完成科研的同时,洪老师开始专注于把科研与生产相结合。近几年来,她带领团队首次在云南省规模化开展羊的胚胎移植,共生产移植羊胚胎 3 万余枚,生产顶级良种近 2 万只,山羊鲜胚移植产羔率为 54.47%,批次最高达 80.77%;绵羊鲜胚移植产羔率为63.64%,自产冻胚移植产羔率为39.06%,各项技术指标均处于国内领先,云上黑山羊的培育也借助了这一先进的技术而加快了育种进程。同时,该技术在天津、甘肃、青海、安徽、河南、贵州、四川、江苏等地推广应用,起到了较好的示范和带动作用。团队培育的云上黑山羊、云南半细毛羊也在产业发展中得到广泛应用,近三年共推广种公羊3万余只,改良本地山、绵羊400余万只。洪老师有个愿望:继续努力使“高原羊”成为全省山区、半山区建档立卡户的“脱贫羊”、生产经营者的“发财羊”和消费者的“美味羊”,最终成为农民手中的“喜羊羊”。

要使云南羊产业跻身全国有影响的产业,品种是基础和核心。2005年至今,洪老师多方筹集资金从澳大利亚引进纯种萨能奶山羊、努比山羊、澳洲黑山羊和黄山羊100余只、冻胚500余枚,通过自繁和胚胎移植扩繁结合,建立了这些品种的纯繁群,丰富了云南省的羊种资源,为云南省的羊种改良和种质创新提供了宝贵的遗传资源。

2020年,中华人民共和国农业农村部第168号公告宣布云南省“云上黑山羊”新品种顺利通过国家畜禽遗传资源委员会审定。这是中国第一个由云南省自主培育的肉用黑山羊新品种、第二个国家审定的羊新品种、第三个肉用山羊新品种,是云南省山地牧业发展的又一重大成果。新品种的顺利审定给了洪老师和她的团队极大的鼓舞,仿佛历经22年艰辛孕育的孩子终于出生并终将成长成熟而惠及父老乡亲,她就是那个真正的“羊妈妈”。

云上黑山羊新品种育成了,但洪老师的工作根本停不下来。育种工作是不进则退,为了保持品种的先进性和优势,需要长期、持续不断的选育。只把种羊和技术交到养殖者手中是远远不够的,更重要的是要把好的品种和技术推广到生产中,让老百姓得到实实在在的经济效益。所以除了持续做好科研,洪老师还需要到养殖场和养殖户中做一些技术指导和培训工作。除此之外,她在西藏和云南省内也有扶贫任务,那些地方的条件更艰苦,更需要良种,更需要先进的技术。

洪老师在实践中为云南省及南方地区羊产业的发展、助力产业精准扶贫和乡村振兴提供了种业支撑。在科研工作不断探索和坚持中，她深深体会到了习总书记关于新时代去奋斗的精神内涵：只有奋斗的人生才称得上幸福的人生，广大青年应该在奋斗中释放青春激情、追逐青春理想，在艰苦奋斗中净化灵魂、磨砺意志、坚定信念。回顾洪老师的求学及科研的人生历程，她正是在信念、成长和奋斗中找到了人生的价值和幸福。

“新时代云岭工匠精神讲坛”对洪老师专访

2019 年，洪老师登上“新时代云岭工匠精神讲坛”，用自己的故事讲述了“把一件事做到你能做到的最好”的工匠精神。大学毕业三十多年来，她与羊“共舞”，堪称最美“羊妈妈”。

来源：《历经 22 年，这位高原“羊妈妈”培育了我国第一个肉用黑山羊新品种》（文/云南台都市条形码）https://www.163.com/dy/article/FH3GI64E0530I1JA.html

写作小记

对洪琼花老师的各种事迹的了解,让我受益匪浅。在20世纪80年代,作为村里唯一的女大学生,洪老师不顾他人的误解与偏见,毅然决然地选择了当时冷门的畜牧专业,但是,洪老师从不后悔自己当时的决定,并很庆幸能够成为一名“羊妈妈”。所谓“生于斯,长于斯,报于斯”,这就是对洪老师一生事业的高度概括吧!生于农村,长于农村,回馈农村,22年的艰苦奋斗,培育出了我国首个黑山羊新品种,为广大农民养殖户谋幸福,为我国精准扶贫事业添砖加瓦。在30多年的科研工作中,洪老师不忘初心、牢记使命、奋发有为,在这个充满机遇与希望的新时代彰显着“三农人”的不平凡。

(文/中国农业大学动物科技学院2018本科生　刘俊杰)

百年农大,历久弥新。虽已离开母校多年,但对母校的深情只增未减,扎根畜牧业领域三十多年,方知国富民殷、强农为本!愿农大学子继续秉持“解民生之多艰,育天下之英才”的校训精神,筑梦农大,彰显“三农”情怀,为实现强农之梦而努力奋斗!也衷心祝愿母校越办越好,再创辉煌!

洪琼花

2022年6月24日

石国庆:潜心科研　助力扶贫

石国庆近照

石国庆,男,汉族,生于1959年10月1日。1982年8月,石老师于新疆农业大学畜牧专业大学本科毕业;1998年,中国农业大学硕士毕业;2006年,南京农业大学博士毕业。现任职于新疆农垦科学院,研究员/院长助理,石河子大学教授,博士生导师,学科点负责人。在多个学术和产业组织任职,是国家畜禽遗传资源委员会委员、中国畜牧兽医学会理事、中国畜牧兽医学会养羊分会副理事长、中国畜牧兽医学会繁殖分会副理事长、中国畜牧协会养羊分会常务理事;新疆畜牧兽医学会常务理事、新疆细羊毛协会副理事长、新疆绒山羊协会副会长、新疆石河子遗传学会副会长、省部共建绵羊遗传改良与健康养殖国家重点实验室绵羊繁殖与育种学科带头人。1997年获“第三届兵团十大杰出青年”光荣称号,1999年获“农业部有突出贡献的中青年专家”称号,2002年获国务院政府特殊津贴奖,2006年获“感动中国十大畜牧领军人物”奖,2007年获“新疆石河子科学技术特殊贡献”奖、“第一届感动兵团十大年度人物”奖,2009年获“新中国60年畜牧兽医科技贡献”奖(杰出人物),2010年获“兵团科技进步突出贡献”奖,2011年获“新中国100名屯垦戍边感动兵团人物”奖,2013年获“第四届振兴中国畜牧贡献奖(杰出人物)”,2014年获兵团有突出贡献优秀专家,2017年获新疆农垦科学院优秀贡献专家,2018年获“走进丝路领军人物”奖,2019年获“见证中国70年时代先锋”奖、“新疆农垦科学院突出贡献”奖。

致力科研　成果斐然

石国庆老师倾心科学研究,献身科研事业,执着科研人生,获得累累硕果。工作40年来,他主持了国家“863”计划、科技攻关、科技支撑、西部开发、跨越计划、自然基金、星火计划等重大专项,完成了兵团、农业农村部、国家发改委和科技部的科技攻关30余项,独立主持研究课题25项。

针对细毛羊的品种培育与产业化应用研究的关键问题,石国庆带领团队在刘守仁院士前期工作的基础上,开展了40余年的研究。在细毛羊分子细胞工程育种、绵羊高效繁殖综合配套技术研究与示范应用及超细毛羊羊毛品质控制和试纺加工等方面,取得了多项重大科技成果,支撑和推动了我国细毛羊及肉羊新品种培育和繁殖新技术在新疆及我国养羊主产区的大面积推广,引领了我国绵羊繁育技术的发展,研究成果获国家科技进步二等奖1项、三等奖2项;省部级一等奖8项、二等奖6项、三等奖2项,主编专著8部,发表论文330余篇,获国家专利22件(发明专利5件)。

石老师带领团队先后育成细毛羊新品种2个,新品系3个,实现经济效益27.34亿元,且育成的3个中国美利奴新品系,主要生产性能达到国际领先水平。为拓展细毛羊市场,石老师连续5次进行了优质细羊毛的加工试纺,不断推出新的羊毛制品,开创了国产超细羊毛高档衬衫试纺的先河,对于推动细毛羊养殖生产和产业化发展起到了积极的促进作用。

作为科研团队的领军人,石老师立足于细毛羊产业的发展,积极捕捉先进技术并应用于生产中。比如,引进 MOET 技术和颗粒冻精技术,推广到全疆及山东、湖北、内蒙古、甘肃、吉林等地,累计改良细毛羊 450 万只,推广优质种公羊 5600 只,胚胎移植 18500 例,妊娠率 56.78%;子宫角深部输精 25100 例,妊娠率 75.87%;体细胞克隆胚胎囊胚率稳定达到 20%~30%,移植受胎率在 10%以上。石老师还利用自主研制的 FecB 基因诊断试剂盒,实现绵羊多羔性能的高通量、快速准确鉴定;结合体外受精和体细胞克隆技术,获得了兵团首只转基因克隆羊,现拥有一批有自主知识产权的转基因体细胞克隆肉羊和细毛羊;综合多学科优势,建立和应用先进技术体系,使绵羊品种培育周期缩短一半,显著提高了优质绵羊的推广效率,累计创造经济效益 22.78 亿元。

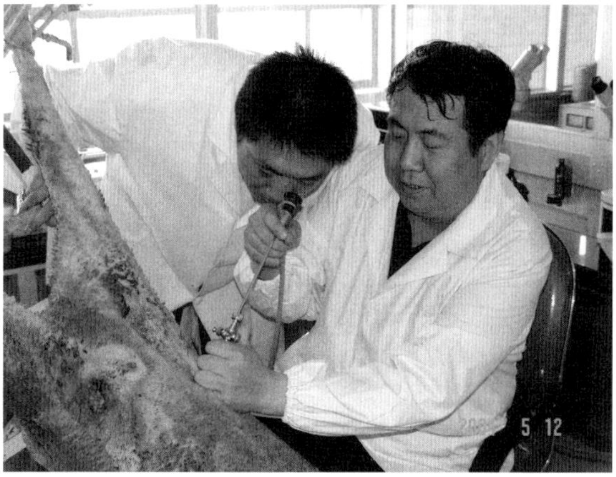

石老师进行胚胎移植

科及边疆　诲人不倦

新疆地域辽阔,牧区路途遥远,条件特别艰苦,科研工作任务重、难度高、困难大。1987 年至 1990 年,石老师连续 4 年在距离石河子 1000 公里的哈密巴里坤哈萨克自治县红星一牧场蹲点试验。那里属高寒地区,山高路远,9 月下旬便下起大雪,到达终点需要 3~4 天。有人说,这和去趟北京一样了,石老师笑着说,“去北京可乘飞机、火车,而我身背冬装,手提液氮罐,先坐汽车再坐火车,再坐汽车最后坐马车才能到达目的地。”这样一干就是4年,石老师克服了诸多常人难以想象的困难,他与当地的哈萨克族牧民和技术人员在牧群点上同吃同住,同心协力搞试验,从生活的不习惯到交上知心朋友,当地的牧民亲切地称他为“赛木斯技术员佳克斯”(意思是胖子技术员好)。1992年至1995年,石老师又连续4年在农八师145团、147团、148团等团场蹲点试验,他的专业技术得以更扎实地应用于生产。2001年6月下旬到9月下旬,石老师吃住在牧区毡房,将MOET生物技术推广应用到北疆各地,受到各师团及广大牧民的赞扬。

石老师在羊场参观指导

“优质胚胎羊要产羔了!”这是全院乃至兵团领导关心的热点问题。1993年春节期间,石老师与同组人员一起把床铺搬到了羊圈,“吃住在羊圈,不许回家”,这是他制定的一条规矩。他身先士卒,带头遵守,一连10天过去了,产羔全面丰收,他才拖着疲惫的身子回到家里(产羔房与家仅距300米)。

为了普及科学知识,培养基层技术力量,1983年至1985年,石老师参与兵团举办的“绵羊冷冻精液技术推广”培训班。1989年至1991年,又主编教材和讲义。作为主讲人之一,参加由兵团农业局举办的“绵羊繁殖新技术”培训班。1992 年,石老师应农四师邀请专程赶往农四师兽医站,主编教材、讲义并主讲了“澳大利亚美利奴羊冷冻精液技术操作规程及其有效作用”课程。1994 年,由兵团科委、农业局、农垦科学院联合举办的兵团一、二届“绵羊胚胎移植技术”培训班,石老师再次参与主编教材讲义,并主讲。1995 年、1999 年、2001 年,主办“绵羊胚胎移植与核移植技术”学习班,受到了农二师、农四师、农五师、农七师、农八师各农牧团场、各地州技术人员的好评。35 年来,经石老师主持主讲的基础技术培训 280 多场次,参训人员 6550 余人次。石老师为兵团的科学技术普及和人才培养作出了突出贡献。

同时石老师也十分注重学术专业人才的培养。石老师现作为石河子大学动物繁殖学科带头人、博士生导师,指导培养博士后 4 名,博士 14 名,硕士 28 名。他还创建了绵羊繁育研究团队,吸引优秀人才,为团队中的成员创造学习和研究机会,团队中现有博士 14 人,5 人已晋升为研究员,10 人已晋升为副研究员,基本形成了研究应用技术配套、人员技术合理的科研创新团队。团队中有 2 人获国家政府特殊津贴专家、农业农村部突出贡献专家的荣誉称号。

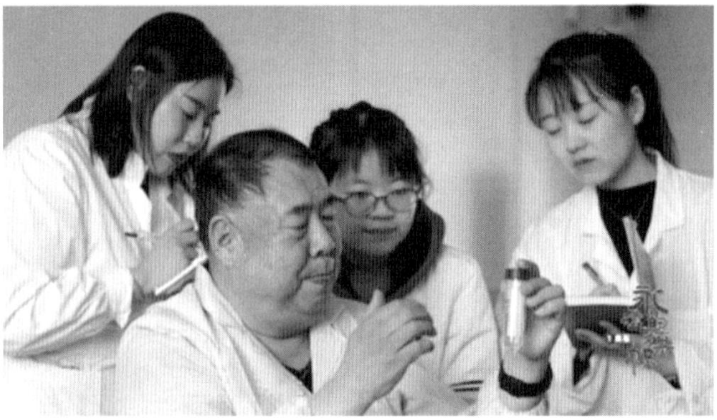

石老师指导学生

一心向党　助力扶贫

石老师于1985年加入中国共产党,并一直紧跟党的步伐,对党忠诚,积极响应党和国家的号召。2003年的一天,石老师突然感到身体不适,来到医院检查,结果让人大吃一惊,石老师被查出了肾癌。医生告诉他,此病成因是身体透支大,心血付出多,积劳成疾。2004年2月19日,刚在上海做完了手术的石老师马上回到了工作的第一线,一头又扎进试验课题中去。这时有不少人劝说他,"你刚出院回来,身体还没有恢复好就上班了,你是要工作还是要命?"石老师笑笑回答说:"当然都要,我要工作,我活着一天,就要为党拼命工作一天。"石老师把全部的热情和心血都投入工作中,从未停歇。

151团1连牧工别海提,40来岁,是6个孩子的爸爸,家庭生活十分困难,牧羊年年亏损,1995年至2001年挂账20000余元。石老师知道后,就用自己的工资买了清油和面粉住进了别海提家里,给他分析原因,找出问题和解决的办法。整个7月,在夏牧场,石老师与他早出晚归,指导他抓膘、配种、管理羊群,并用新技术,打了双羔素,当年母羊配种成功率达99%,3年来愁眉苦脸的别海提第一次露出了笑容。元旦前,石老师又一次住进了别海提家里,母羊要产羔了,一连产羔20多天,250只母羊产了320余只羔羊,繁育率达到125%,别海提第二次笑了。2005年十一前后,石老师第三次来到别海提家里,帮他卖羊,因别海提的羊个大膘肥体壮,品种又好,每只羊卖到了480元,再加上家里养两头奶牛的收入,别海提清掉了所有挂账,还有余款10000余元,一举摘掉了贫困的帽子。别海提这次却没有笑,他紧紧拉住老师的手,半天没有说话,两行热泪从他那略微发黄的眼里流了下来……如今,别海提再也不用为孩子上学发愁,为孩子上学带玉米馕发愁了,2005年9月,别海提将老大尼加提送进了石河子民族中学。

谈及自己的成长与成就时，石老师认为，一个人的成长离不开党和政府的培养和自己的努力，也离不开家庭、学校、社会等环境的影响和熏陶，机会就是在这多种力量的共同作用下产生的。他说："人生的酸甜苦辣，我都尝了个遍，我从不后悔当初定下的许诺，羊是我一辈子的研究题目。""我之所以在细毛羊育种中作出了一些成绩，这决不可算作个人的功劳，如果没有组织的培养，没有同仁们鼎力支持，没有兵团自力更生、艰苦奋斗精神的冶炼，没有各民族牧工含辛茹苦的劳动和他们给我的丰富的工作灵感，我是永远也做不出今天的成绩的。我特别感谢和怀念父母对我的养育，母校师长们对我的教诲，感谢和怀念那些曾与我朝夕相处、同甘共苦的各族朋友，是他们铺就了我通往成功的道路。所有成绩都是在兵团、农垦科学院和各级业务部门的关心支持下，在同行的帮助下所取得的，绝不是我个人的成绩，功劳还应当归于基层的科技人员、广大牧工和与我共同工作的科技人员，他们为新疆兵团的养羊事业贡献了一生。"

职守边疆，将一生奉献给国家科研事业；悉心指导，将所知推广至平民百姓。石国庆老师以实际行动告诉新时代的青年们什么是有理想、有信念，什么是朴实沉毅，什么是脚踏实地。回顾石老师的科研经历和奋斗过程，不难发现，正是他的坚毅与坚韧以及同他人的团结互助支持着他走到今天。而直到今天，石国庆老师也从未停步，他仍在不断前行，仍在探索科学更深层次的奥秘，为更多的人带来帮助与希望。

来源：《坚持科研初衷，助力科研腾飞——记新疆农垦科学院研究员石国庆》（文/人民周刊）https://www.peopleweekly.cn/html/2018/kexue_1108/7193.html

---

写作小记

在对文章进行最后的整理时，我又回看了一遍石国庆老师的经历与取得的成就，发自内心地敬佩这位将一生奉献于科研与振兴边疆牧业的教授。石老师得到的奖项只是他一部分成就的附属,他为科研作出的贡献和给牧民们带来的帮助是无法用这些奖项度量的。奉献精神的背后,体现的是一种高度的责任感,一种执着的追求,一种超常的气魄。春节期间,十天一直睡在羊圈,只为保障产羔顺利;积劳成疾,做完手术,又马上投入到工作第一线:石老师的奉献精神深深地打动了我,我非常荣幸,能通过这次编稿的机会认识这样一名深入基层为人民服务、将自己的研究成果发挥实效的科学家。

祖国需要更多像石老师一样,紧跟党的步伐,深入基层,远赴边疆,将自己的研究成果切实转化为生产力造福人民大众的人。相信在石老师事迹的影响下,会有更多的人以石老师为榜样,使科技造福于人类,让世界变得更加美好。

(文/中国农业大学动物科技学院2020级本科生　邓伊凡)

母校给我了重新学习、深造的机会,使我获取了新的知识与力量,而我却无法报效母校而感到惭愧,但我有勇气与努力迎头赶上,为我的母校——中国农业大学增光添彩,再创辉煌作出我的最大的奉献!

石国庆
2022年6月26日

田可川:扎根边疆　不务空名

田可川近照

田可川,男,1963 年 11 月生,国家绒毛用羊产业技术体系首席科学家,研究员,博士生导师;国务院特殊津贴专家,国家畜禽遗传资源委员会委员,中国畜牧业协会羊业分会会长,全国农业科研杰出人才,新疆维吾尔自治区优秀专家,新疆农业大学、甘肃农业大学、内蒙古农业大学等高校博士生导师;主要从事绒毛用羊遗传育种研究与产业化示范。

1985 年,田老师毕业于西北农学院(现西北农林科技大学),1998 年获中国农业大学动物遗传育种与繁殖专业硕士学位,2007 年获中国农业大学动物遗传育种与繁殖专业博士学位;曾赴韩国、哈萨克斯坦、澳大利亚、新西兰等国开展学习及研究工作,2005—2006 年作为访问学者赴美国从事合作研究;1985—1986 年在乌鲁木齐市南山种羊场工作,1986 年起在新疆畜牧科学院从事家畜遗传育种研究工作,其中 1986—1990 年主要从事奶牛肉羊育种工作,1990 年至今主要从事细毛羊、绒山羊、半细毛羊育种及生产技术研究工作。

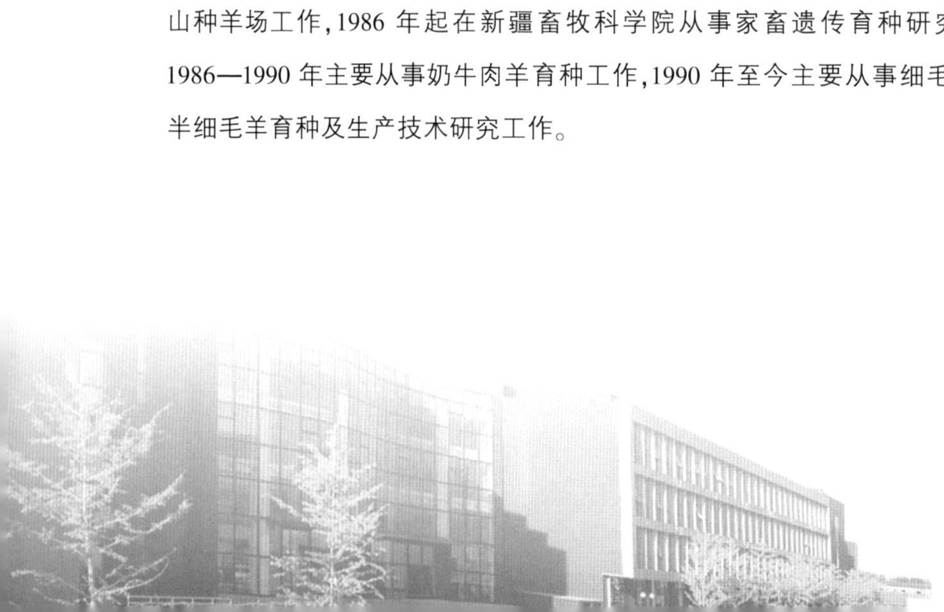

潜精研思　硕果累累

20 世纪 90 年代初,“羊毛大战”席卷中国北方,造成羊毛市场混乱,掺假使假现象普遍。当时新疆乃至全国的细毛羊羊毛质量较差,有时 1 斤(1 斤 = 500 克)羊毛洗后仅剩 3 两,购回的劣质羊毛让企业既咽不下又吐不出。田可川老师描述道:“因为觉得越来越无利可图,所以好多牧民纷纷放弃饲养细毛羊。”为打破贸易壁垒,发展中国自己的超细羊毛,2008 年,受农业部、财政部的委托,田老师联合全国 35 家中央和地方的本产业优势科研机构和试验站组织开展国家绒毛用羊产业技术体系建设工作。他承接了老一辈育种家的学术理论和研究基础,创造性地把家畜育种的新理论、新技术运用到我国绒毛用羊产业,带领团队历经七八代的杂交试验,于 2014 年 10 月培育出我国第一个国产超细型细毛羊品种——苏博美利奴羊[农(03)新品种证字第 13 号];建立了开放式核心群育种体系与联合育种体系相结合的新型羊育种模式;制定并颁布了苏博美利奴羊品种标准和相关生产配套技术规程;建立了多性状动物模型遗传评价与生物快繁技术相结合的种羊选择和利用技术体系;筛选出与羊毛主要经济性状相关的候选基因和分子标记,建立起传统育种技术与现代分子育种技术有机结合的高效育种技术体系;建立了优质细羊毛分级标准体系和羊毛拍卖流通体系,创建了国产优质细羊毛品牌瑞曼(R. M,RONGMAO)。苏博美利奴羊的成功培育,填补了我国 80 支细毛羊品种的空白,丰富了我国细毛羊品种资源,提升了国产细羊毛的综合品质,缓解了毛纺市场超细羊毛紧缺的压力,提高了我国细毛羊产业的国际竞争力和话语权，对促进我国边远农牧区经济发展和社会稳定具有重要意义。

从2008年开始，田老师担任国家绒毛用羊产业技术体系首席科学家，就绒毛用羊产业链建设各个环节关键技术问题开展联合攻关，与全国17个省区的41家单位的岗位科学家和综合试验站站长一起深入甘肃、内蒙古等省区进行调研，完成绒毛用羊主产区和综合试验站的育种群生产性能测定的现场培训与示范工作，并逐步统一规范绒毛用羊育种群个体识别、种羊生产性能测定和系谱档案等记录。针对我国绒毛用羊生产实际情况，田老师制订了全国绒毛用羊联合育种方案，在主产区17个省份广泛应用，组建了22个联合开放育种群基地，为全国各地提供了优良种羊3.25万只。

2009年田老师在阿勒泰调研雪灾

田老师总结多年的理论研究和生产实践，初步形成了较为系统的细毛羊育种方法及育种理论，率领团队先后培育出新吉细毛羊、苏博美利奴羊2个新品种和中国美利奴羊(新疆型)肉用类型、细毛羊多胎类型、细毛型细毛羊新品系、超细毛型细毛羊新品系，绒山羊高产型、绒细型、早长绒型等10个新品系，极大促进了我国绒毛用羊产业发展和农牧民增收。

田老师从事畜牧科研工作30多年,参加了国家“八五”“九五”细毛羊科技攻关项目,主持了国家“十五”“十一五”“十二五”细毛羊和绒山羊科技攻关项目,先后主持参加国家和省部级重大科研项目30余项;牵头培育出绒毛用羊新品种2个、新品系10个,创建国产超细羊毛品牌1个;获新疆维吾尔自治区科学技术进步奖一等奖1项、二等奖3项、三等奖2项,中华农业科技奖二等奖1项,全国农牧渔业丰收奖二等奖1项,大北农科技奖动物育种奖1项;获国家授权发明专利4项、实用新型专利20项、外观设计专利2项;制定标准或技术规程21项,主编专业书籍8部,参编5部,在国内外核心期刊上发表论文70多篇(SCI收录10余篇)。

扎根边疆　致力扶贫

1985年,从西北农林科技大学毕业后,田老师被分配到新疆畜牧科学院工作,第一年就被派到乌鲁木齐南山种羊场实习锻炼。他说道:“在与牧民同吃同住同劳动中,我感受到广大牧民盼增收的渴望,从而坚定了我依靠科技改变地区畜牧业生产落后面貌的决心。”从此,田老师在畜牧业一干就是30多年。

自2017年起,为落实党和国家对“三区三州”脱贫攻坚的任务部署,在农业农村部的统筹下,依托国家绒毛用羊产业技术体系,田老师率领团队深入新疆南疆地区,充分利用科技手段助力脱贫攻坚。田老师介绍,新疆拥有发展绒毛用羊产业得天独厚的优势,是我国绒毛用羊的重要产地。作为我国传统牧区,新疆草场丰富,养羊符合牧民多年的养殖习惯。而且,绒毛用羊既能产肉又能产毛,比单纯肉羊更具经济价值。尤其在南疆地区,饲草不够优质,耐粗饲、抗逆性强的绒毛用羊更易养活,也更适合贫困户养殖。但是,为什么绒毛用羊产业一直发展不起来呢?经过调研,田老师很快“把准了脉”——牧民的养羊技术还不够科学。很多牧民秉承父辈传下来的“靠天养畜、靠天吃饭”观念,夏天、秋天把羊赶出去放牧,冬天草料不足就把羊便宜卖了,有时候羊病了也不及时救治,如此被动的饲养投入和粗放管理怎么会有效益呢?

于是,为了帮助牧民转变观念,田老师开始致力于普及科学养殖知识,可到牧民家里讲技术,说起来容易,办起来难。“我们不是走过场,是真心诚意地想帮牧民改善生活。所以,讲到点子上、说进心窝里是关键。”田老师深有感触。语言不通是需要攻克的第一道难题。田老师一开始邀请懂汉语的村民当翻译,但有些养殖专业术语比较繁杂、晦涩,村民很难深入浅出地表述,讲解效果大打折扣;后来田老师邀请会维吾尔语的技术人员同去,加强与村民们沟通,使信息沟通更顺畅。

但听懂是一回事,村民们实不实行是另一回事。“观念扭不过来,技术懂了也白搭。”田老师说。刚来扶贫时,有些贫困户根本听不进去科学养殖技术,也不舍得投钱,田老师就带领团队掰着手指头给他们算预期收益。有的牧民对学习新技术感到倦怠,科研人员就不厌其烦,解释新技术的好处。一次入户不行就两次、三次,动之以情,晓之以理,慢慢地牧民们就接受了。同时,田老师带领团队走进羊圈,统一培训,对症下药,看到有家庭养殖密度过大,就指导合理分圈;遇见羊传染病高发,就组织防疫技术培训,加强应急处置;发现玉米饲料未粉碎、育肥料配比不当,就及时引导改进。

田老师说:“老百姓最讲实惠,说得天花乱坠没用,要让他看到成效。我们会挑选一些思想先进的牧民作示范户,眼见着草壮了、羊肥了、毛细了,其他人自然就会效仿。科技扶贫要有毅力,要有耐心把帮扶做实做细。”

通常来说,羊毛细的价格高,粗的价格低。我国北方地区的地方绵羊品种都能够生产纤维直径很细的绵羊毛。了解到牧民把细毛和粗毛混合销售时,田老师就给牧民进行培训,强调细毛的重要性,并引导他们使用分梳机等设备,对羊毛按粗细进行分级整理,把纤维直径在18微米以内的羊毛分拣出来,绵羊毛的价格从 1～2 元/千克提高到 10～20 元/千克。

同时，田老师带领团队加强对农民技术员的培训。他说："农民技术员都有技术底子，培训起来上手快，还能把书本技术和土方法结合，更接近生产实际，特别好推广。这些人几乎都是本地人，不用城乡两头奔波，能吃苦、不怕累。而且，农民技术员在牧民中颇有威信，也了解贫困户的实际困难，说话有分量。比如，在伊犁试验站的巩乃斯种羊场，在关键技术环节上，农民技术员和牧民同步开展相应的工作，同吃同住，遇到问题能在第一时间解决，大大提高了牧民的养殖积极性。可以说，农民技术员是拉近农民和科技间距离的桥梁和纽带。"

依托国家绒毛用羊产业技术体系，田老师带领科研人员累计开展相关技术培训 1500 余场次，培训农技人员 8 万人次，发放实用技术书籍 10 万余册，赠送种羊 5000 余只。田老师说："脱贫攻坚贵在精准、重在精准，成败之举在于精准。我们的思路就是争取一户一策，逐个击破。"

田老师在阿克苏地区乌什县依麻木镇铁提尔村做技术培训

2020 年是我国脱贫攻坚收官之年，田老师表示，他和团队的目标是继续做好科技扶贫工作，帮助更多贫困户走上致富路，推动我国绒毛用羊产业再上新台阶。

注重团队　培养人才

"这些成绩的取得，其背后包含着在我成长道路上老前辈们的培养和指导，包含着我的团队、同仁们的支持和帮助，这份荣誉应该属于大家。"对于褒扬，田老师淡淡一笑。

作为项目的带头人和研究团队的开拓者，田老师非常重视团队建设，尤其注重对少数民族科研工作者的培养，积极为他们创造学习深造的机会。整个团队共有18人，由汉族、维吾尔族、哈萨克族、柯尔克孜族、回族5个民族的成员组成，各民族同事相处得很融洽，就像一家人一样，大家互相帮扶，共同进步。作为博士生导师，田老师指导培养了博士、硕士研究生近70名。

田老师绒毛用羊课题组团队部分成员合照

从寒窗苦读、学有所成到潜精研思、硕果累累，从扎根边疆到造福牧民、致力扶贫，保证我国毛纺产业安全和羊肉的市场供给，着力加快养羊业的发展，提升传统畜牧业，加快现代畜牧业发展，让我国达到农业发达国家畜牧业水平，是田可川老师的不懈追求。

来源：

[1]吴伟伟.扎根大西北致力于绒毛用羊遗传育种工作——新疆畜牧科学院畜牧研究所所长田可川[J].科技成果管理与研究,2016(7):60-61.

[2]《科技扶贫助牧民增收：新疆畜牧科学院田可川团队探索扶贫好经验》(文/刘诗瑶)https://www.163.com/dy/article/F8E1AD2C0517MQF6.html

写作小记

了解田老师的人生历程，从一名优秀的研究人员到扎根边疆、致力扶贫的干部，这身份转变的背后，体现了田老师心系牧民、不畏艰苦的高尚品格。田老师一心一意为老百姓着想，为了转变牧民的观念，他掰着指头给大家算预期收益；为了让牧民们学会新的养殖技术，他积极培养技术人员，属于自己的技术从不私藏；为了打破贸易壁垒，他潜心研究，培育出了属于中国自己的超细羊毛羊品种。田老师的事迹让我们由衷敬佩，他的精神激励着动科学子不畏艰苦，勇于创新，在畜牧业发展中奉献出自己的力量。

(文/中国农业大学动物科技学院2020级本科生　李晶)

从北京农业大学读到中国农业大学，硕士毕业，后又读博士。导师的谆谆教诲、亲切关照，难以忘怀；学子间的互相帮助、相互激励温暖校园。中国农业大学是我成长的阶梯，走出农大更加自信，人生更加从容。感谢曾经的北农，感谢如今的中农，也感谢自己。

田可川
2022年6月29日

刁其玉:皓首少年心　不负当年情

刁其玉近照

刁其玉,男,中国农业科学院饲料研究所二级研究员、博士生导师,“西部之光”访问学者导师;中国畜牧兽医学会动物营养学分会反刍营养专业委员会主任,中国畜牧兽医学会动物营养学常务理事,国家肉羊产业技术体系饲料与营养功能研究室主任,农业农村部饲料生物技术重点实验室副主任,北京奶牛营养学重点实验室主任,“十三五”国家重点研发计划项目首席科学家,享受国务院特殊津贴专家,全国农业先进个人。刁老师1982年毕业于新疆塔里木大学,获学士学位;1988年毕业于中国农业科学院研究生院,获硕士学位;1998年毕业于德国哥廷根大学,获生理营养学博士学位;2000年中国农业大学博士后出站。

“三岁看大,七岁看老,培育出健康的后备畜,为我国牛羊产业竞争力的提高奠定基础,让农牧民富裕起来。”这是刁老师曾经立下的誓言。近40年的教学科研工作,刁老师将青春岁月留在了实验室与养殖场,在我国反刍动物营养与饲料研究开发史上留下了浓墨重彩的一笔。刁老师带领肉羊体系营养研究室开展肉羊营养需要量参数研究与实践,出版了我国第一部《中国肉用羊营养需要量》专著,修订了我国肉用羊的饲养标准。他带领团队长期从事反刍动物幼畜营养生理与早期断奶技术研究及粗饲料资源的开发利用,在反刍动物幼畜早期定向培育和粗饲料资源高效利用方面都取得了突出的科研成果,极大地促进了反刍动物生产。数十年来,他始终如一,默默耕耘,真正做到了不负青春,不枉此生。

德国式“呆板”受益至今

德国哥廷根大学动物生理营养研究所是动物营养和饲料学理论及研究方法的发源地,1860 年这里诞生了营养学的基本理论及概略养分分析方法。30 多年前,刁其玉老师受国家公派前往德国哥廷根大学学习,在那里学习了 5 年,从此与动物营养结下了不解之缘。

德国人一向以严谨细致、逻辑性强而著称,而这样的“呆板”也在科研中体现得淋漓尽致。有一次做动物饲料的试验,出现了异常的结果,和设计方案的理想结果差距很大。有人认为,这一结果可能是新发现,但马上就有人反驳说:“下结论要有科学依据! 但我们并没有理论能支持这个结果。”最终,试验人员用同样的饲料重新饲喂试验动物,并分析了饲料的蛋白质和氨基酸,找到了导致异常结果的原因。

“没有充分的依据,就不能轻易下结论做判断。”这件事情虽然不大,但却让科学的严谨性深深植根于刁老师的心中。所谓的“呆板”更是让他明白,搞科研来不得半点马虎,试验结果更是要有科学依据作为支撑。刁老师认为,人们往往在做第一、第二次试验时会很认真,然而长年累月地做无数次之后就会心生懈怠。迄今,刁老师仍然告诫自己,哪怕是做数百次的重复,也要像对待第一次试验一样上心。

与英美国家三四年即可获得学位相比,在德国学习一般需要五年甚至更长的时间才能顺利完成博士学业并拿到学位,很多人因为时间太长而无法坚持到最后，但刁老师却凭借着热爱与信念奔赴未知。至今他依然记得，自己的博士论文——《适宜氨基酸模式减少日粮蛋白水平的研究》被评为优秀时，近乎苛刻的导师脸上露出了笑容。

"这些从德国学习到的方式和方法，让我受益匪浅。"刁老师说。在他看来，正确把握课题研究方向和建立研究方法，是研究获得成功的重要基础；思考问题时必须找到科学的角度，最关键的一点是所得结论一定要有论据支撑。

攻坚克难　啃下犊牛羔羊硬骨头

随着我国养殖业水平的提高，如今的畜牧养殖业早已今非昔比。刁老师意识到，科研重点必须从"锦上添花"转向"攻坚克难"，只有突破才能推动产业取得实质性的发展。正是内心那股勇于创新的闯劲和敢于攻坚的倔强劲，推动着刁老师在科研道路上不断探索前行。经过大量调研，刁老师发现，近年来我国奶牛产业虽发展迅猛，但牛奶产量却始终增长缓慢；而问题的核心症结便是，犊牛培育技术发展滞后，后备牛生长发育受阻，导致无法及时补充成年泌乳牛群，影响牛群结构的更新和健康。为此，刁老师带领研究团队，立足于我国的生产实际，基于犊牛的消化生理和免疫特点，开始研究犊牛早期断奶技术。而想要实现早期断奶，代乳品是关键，没有它就谈不上犊牛早期断奶和定向培育。当时国内的代乳品领域可谓一片空白，但恰是这旁人眼中难啃的硬骨头给了刁老师大展身手的空间。

科研攻关的过程从来都不是一帆风顺的，无数次艰辛的摸索和试验没有让刁老师停下前进的脚步。在动物试验的过程中，无论出现什么状况，刁老师总是第一时间赶到现场解决问题，掌握第一手资料，不断调整代乳品的配方和加工工艺及饲喂方式。正是凭借这种善于抓住问题本质、敢于攻坚克难、不轻易放弃的科学家精神，在经过理论研究、大量的实验室测试和犊牛羔羊生产试验之后,刁老师团队终于找到了符合我国国情和行业特色的解决途径,研发出了我国第一个具有自主知识产权的代乳品。犊牛早期断奶营养生理和饲料配制关键技术的成功攻克,标志着代乳品国产化的实现。

刁老师带领团队十年如一日地探索和突破,在犊牛羔羊培育理论和技术方面取得了突出的研究成果:揭示了犊牛、羔羊消化和免疫系统发育规律,为幼畜早期营养调控奠定理论基础;建立了犊牛、羔羊健康养殖营养调控关键技术,突破了哺乳期犊牛、羔羊日粮依赖乳制品的技术瓶颈;研发了以植物原料为主导的犊牛羔羊代乳品产品,构建了犊牛、羔羊健康养殖饲养技术体系……在科研攻关的道路上,刁老师和他的团队从未停下脚步。

以农牧民福祉为己任　将论文写在实践中

1998 年,刁老师带着在德国学到的先进理论和实践理念来到饲料研究所,从事反刍动物营养生理与饲料科学的研究工作。刁老师曾说过:“干我们这一行,做科研的最核心成果就是生产能力的提升,思考如何惠及整个行业和消费者。我们的成果如果只是为了写论文,那就是浪费宝贵的资源和素材。”

作为农牧民的好朋友,刁老师一直将提高农牧民的福祉视为己任。他常年深入生产一线,开展广泛调研,及时了解行业发展需要和农牧民的期盼。他多次深入广西、贵州、青海、内蒙古、甘肃、新疆等地考察牛羊养殖情况,参与扶贫帮困和牛羊养殖技术服务活动,为农牧民讲授专业知识和新技术。在牧区,刁老师走进羊圈,抓起料槽中的饲料与村民们热切交流,面对村民的提问,一一进行解答,有时甚至还利用晚间时间,在村部会议室里就牛羊养殖过程的细节和新的技术给村民作技术讲座。刁老师团队研发的断奶犊牛、羔羊营养调控关键技术及产品,标准化的配套设施和高效的饲养效果监测评价体系,改变了我国传统的犊牛、羔羊培育方式,促进了犊牛、羔羊健康成长,改善了成年畜的群体结构,为高产和产量稳定奠定了基础,也降低了生产成本,给养殖户带来了实惠。

刁老师在调研工作

同时,刁老师非常注重产学研结合,善于把自己的科研成果和实践经验运用到生产实际中,解决生产中遇到的问题。例如,针对果汁厂果渣带来的环境和成本问题,刁老师带领团队和企业合作开展实地调研和试验研究,最终提出了“碳、氮营养平衡和益生菌发酵”的解决方案,使果渣具备了代替精饲料饲喂反刍动物的潜质。动物试验结果表明,这一方案降低了奶牛发病率,使奶牛日产奶量、乳脂率、乳蛋白含量均得到了提高,而牛奶的体细胞数、生产成本则明显下降。提高产品质量、降低生产成本、减轻环境压力,这项实用技术可谓"三个难题,一招解决",让更多人发自内心地对刁老师竖起了大拇指。

刁老师数十年如一日,践行"立地"的本质,把课堂搬进山沟,把实验室放在养殖场,扎根于群众之中,俯下身子为群众脱贫觅出路,用科技把贫穷落后抛进历史。

薪火相传　悉心育人

作为坚守在科研一线多年的"老同志",刁老师十分注重个人素养提升,始终坚守严谨的科学态度和诚实守信的做人原则。他热爱科研事业,严谨对待科学试验,充满激情和动力,全身心地投入工作;他真诚待人,与团队成员打成一片,团结一致,积极向上。

"一代人有一代人的奋斗,一个时代有一个时代的担当"。科研从来不是一个一蹴而就的过程,也离不开经验的传授。作为团队领头人,刁老师深刻认识"薪火相传"的重要意义。他曾说过:"科学研究是一项永无止境的工作,我们能做的就是在自己奋斗的年代里把该做的做到最好,然后把更进一步的接力棒交给年轻人,把伟大事业传承下去,越来越强。"

作为老师,刁老师从不吝啬给予学生指导与帮助,竭尽所能帮助学生在业务上不断进步。当学生因试验受挫而躁动不安时,刁老师总是循循善诱,悉心教导;当有学生遇到生活问题时,刁老师也总是伸出热情之手给予帮助。

在培养学生时,刁老师并非只是照本宣科地告诉学生要做什么,而是将课堂融入实际生产,让学生深入一线学习。学生做试验,必须亲自动手采集试验材料,还要克服养殖场艰苦的环境和难忍的气味,与牛羊朝夕相处。身为改革开放后的首届大学生,刁老师身上有着那一代人积极向上的精神和为国为民的责任感。他觉得学生多吃点苦是好事,但每当看到学生在寒风中仍坚守在养殖场照顾牛羊时,他也是感慨万千:“学生和我自己的孩子差不多,手心手背都是肉,看着他们在艰苦的环境中终日奔忙,心中也是万般不舍。但作为老师,让学生在这种环境中锻炼不可或缺。”即便吃了不少苦头,学生们对这位严苛的导师也没有一丝抱怨,反而在尊敬之外多了一份亲近。

刁老师研究团队合照

同时,刁老师十分注重培养学生严谨的科研精神。在平常的科研工作中,他注重培养学生的探索能力和实事求是的科学精神,注重规范学生的操作。刁老师说,“‘诚信、承诺、严谨、阳光’这八个字是我觉得年轻科研人员应该展现的精神面貌。”就是这样一位老师,与学生交流从不高高在上;就是这样一位老师,与学生探讨问题毫不含糊;就是这样一位老师,爱生如子,给学生最亲切的帮助和最严厉的锻炼;就是这样一位老师,悉心育人,桃李满天下。

坚毅、奋斗、奉献、诚实,这些美好的精神品质在刁老师身上体现得淋漓尽致。几十年的坚守,他在工作岗位上不断践行着“科研为民、投身三农”的使命担当。作为科学家,他关注国际科技前沿,致力于创新与突破,不轻易言弃;作为我国畜牧领域的一分子,他着眼人民的需求,投身实际生产,引领产业科学发展;作为老师,他平易近人、和蔼可亲,有着一丝不苟、严谨求实的治学精神。从他深邃的目光中、殷切的话语里,我们领略到他的才思敏捷,更感受到他对我国畜牧业的热爱和期待,这份热爱感染和激励着每位科研人员和每个年轻学子奋勇向前!

来源:

[1]《刁其玉:幼畜健康成长的营养师》(文/佚名)https://finance.huanqiu.com/article/9CaKrnJHbEL

[2]《在喂牛养羊中寻找灵感 服务三农——记全国农业先进个人饲料所刁其玉》(文/饲料所)https://caas.cn/zt/grb/xjsj/298922.html

注:文稿形成之际,2 月 23 日《科技日报》上有报道“饲料所科学家首次揭示绵羊胎儿肠道微生物的起源与组成”。文章写道,“中国农业科学院饲料研究所反刍动物饲料创新团队首次揭示绵羊胎儿出生前就已经存在有活性的肠道微生物,并确定了微生物及其活性代谢产物的组成。该结果不仅是反刍动物生理研究的突破,也是在哺乳动物上的首次发现,相关研究成果在线发表在国际著名医学杂志 *Gut* 上。”这是刁其玉老师和他的团队的另一创新性成果。科研永无止境,他们一直走在科研的最前线,一直在不断创新,不断努力!

写作小记

在中学时代,我认为青春只是人生的某个阶段。它是鲜衣怒马、看尽长安花,它珍贵但稍纵即逝。在学习了刁其玉老师的事迹之后,我为刁老师的赤子心、科研情而热泪盈眶。高大上的词,从来不会挂在他的嘴边;困境与压力也没有吓退他。面对超出想象的艰难,他没有嫌弃退却,有的只是对一方土地的热爱,对梦想的坚守。因为在他的心中,始终激荡着这句话:“被需要的青春,才最宝贵!青春因慨然以赴而更美好,世间因少年挺身向前而更瑰丽。青年人,就要有为了国家付出一切的拼劲。”

岁月沧桑,世事纷纭,改变不了刁老师在专业领域数十年如一日的执着坚守。不是没有经历过失败与挫折，而那些独自煎熬的时光，都是因为放不下的热爱。也不是未曾拥有过少年人的意气风发，而是都把它们化成了克服艰难险阻的力量。无论周遭环境如何变化，这样一位专业领域响当当的领军人物，依然顶住种种诱惑，扎根牧场，不断攀登着科学高峰，孜孜不倦地培养出一大批科研人才。

志比山高，笃定前行，不畏路途遥远之艰辛，不因世事变幻而易志。守得住纯真，耐得住寂寞。刁老师用青春拥抱祖国热土，把韶华奉献给科学研究。心中有火，眼中有光。火就是青春的理想，光就是高尚的信仰。火与光，照亮了一个人向着梦想进发的奋斗历程，照见了像刁老师这样的一个群体代代坚守的精神标识，也映出了一个国家砥砺奋进的时代剪影。

习近平总书记曾深情地寄语：“未来属于青年，希望寄予青年。”如今，建设社会主义现代化强国的征途已然开启。大有可为的时代，生机涌动的天地，愿我辈青年学子都能像刁老师那样，成为一朵小小的浪花，一同汇入历史的长河，奔涌成为中华民族伟大复兴的时代巨浪！

（文/中国农业大学动物科技学院2020级本科生　陈承颐）

1905

在中国农业大学我完成了博士后研究，感恩冯仰廉先生的教诲与指导，感谢冯先生建立的平台及团队成员的帮助与支持。不忘初心，继续前行，让我国的羊产业引领世界羊业的发展，将成为中国养羊人的目标。

刁其玉

2022年6月26日.

柳楠：照亮边疆养羊人的一盏灯

柳楠教授近照

柳楠，男，1960 年 3 月生，吉林省农业科学院硕士，中国农业大学博士，日本宫城县畜产试验场访问学者，青岛农业大学动物遗传育种学教授，国家绒毛用羊产业技术体系岗位专家，国家畜禽遗传资源委员会羊专业组委员，中国畜牧兽医学会动物遗传育种学分会理事、养羊学分会常务理事，中国畜牧业协会羊业协会常务理事。1992 年获国务院政府特殊津贴，1993 年获“吉林英才”奖章，1998 年为吉林省跨世纪学科和技术带头人，1999 年为农业部首批“跨越计划”细毛羊项目首席专家。曾任政协吉林省第八届委员，政协青岛市第十届、第十一届委员。1982 年起从事羊遗传育种和养羊生产科研、推广与教学工作，先后主持承担国家、农业部、吉林省、山东省、青岛市等科技项目 20 余项，其中有 13 个项目 15 次获得省部级奖励。

柳楠教授自 1982 年硕士研究生起从事细毛羊遗传育种研究，近 40 年呕心沥血，在养羊这个领域燃烧着自己的激情与汗水。他经常深入吉林、新疆、内蒙古、贵州等少数民族地区开展育种和扶贫工作。“一定要把细毛羊种业搞上去！”“绝不能让边疆人民再受这样的苦，一定要让自己的所学在这片土地上发挥最大的作用，想方设法为当地百姓尽快开辟出一条致富的道路。”他像是深深地扎根在边疆的一棵白杨树，坚毅地守卫着边疆的羊群；也像是一盏灯，带给边疆养羊人希望与光明。

诲人不倦:他是学生眼中的良师益友

“大学生首先要立志成材,学有所用,报效祖国,同时也要有具体目标。”这是课堂上除了讲课,柳楠教授对学生们说的最多的话。学生们眼中,柳楠教授不仅是一位学识渊博的教授,同时也是一位注重学生人格品德培养的人生导师。

柳教授在讲台上

课堂上的柳楠教授没有“架子”,总是能风趣幽默地将知识娓娓道来,而不是枯燥无味地照本宣科。他的课件总是精益求精,坚持给学生展示最专业、最全面的知识。生动的科研实例、趣味横生的教学方式、渊博雄厚的专业实力,让柳楠教授的课堂总是座无虚席,很多学生觉得听柳楠教授的课是一种享受。柳楠教授深知自己作为一个大学教师的责任与义务,除了教授专业知识外,他也十分注重学生们人格品质的培养。柳楠教授对羊的热情感染着学生们,使他们受益匪浅。对学生来说,柳楠教授不仅是他们尊敬爱戴的师长,也是他们人生道路上的引路人。

潜心科研:他是羊业科学家中坚定的研究者

羊的育种工作是一项需要将现代理论与育种实践完美结合、应用性很强的科研工作。动物的育种周期较长,羊世代间隔3.5～4年,这意味着要培育一个新品种至少需要10年以上的时间。而这份耗时巨大的工作对科研工作者的身心都有着极大的要求,微小的失误也可能导致整个育种的失败,所以需要有足够的耐心和高度集中的注意力。

挑战不仅于此。我国的大型羊场主要分布在新疆、内蒙古、青海、甘肃、吉林等边远牧区,科研人员生活条件十分艰苦,科研环境与仪器简陋也是一大局限。柳楠教授为了获得育种准确、有代表性、说服力强的数据,常常深入牧区,住在羊场,与牧工同吃同住。环境的恶劣、生活的艰辛、科研条件的不便,柳楠教授都没有放在眼里,他乐观地说:"搞科研哪有不吃苦的,工作需要嘛,时间长了就习惯了。"

柳楠教授工作十分认真严谨,成果丰硕。在"七五"期间,主持完成了"中毛型细毛羊选育"和"中国美利奴羊毛密品系的建立"两项课题并获奖;"八五"期间参加完成"线性与非线性模型在畜禽育种中应用"和"建立中国美利奴羊品种结构新体系"项目研究;"九五"期间主持完成"良种羊及饲养配套技术",获全国农牧渔业丰收奖;"十五"期间主持完成了"特种美利奴羊选育"项目和"优质细毛羊及配套技术推广"项目,与新疆维吾尔自治区、新疆建设兵团等单位协作培育出"新吉细毛羊"新品种,使我国细毛羊种质资源提升一个档次,填补了

柳教授科研工作照

66～70支精纺细毛品种空白;“十一五”期间国家绒毛用羊产业技术体系成立,他成为细毛羊育种岗位专家,积极配合首席专家、协同各岗位专家和综合试验站,组织实施了“中国超细毛羊新品种选育”联合育种工作,经过十余年努力,于2014年育成了“苏博美利奴羊”新品种,为我国细毛羊品种赶超世界一流作出了重要贡献,这一成果分别获得新疆维吾尔自治区科技进步一等奖、新疆农垦科技进步一等奖和吉林省科技进步一等奖,2017年荣获“大北农”动物育种科技奖。

柳楠教授40年来兢兢业业,认真谨慎,熟练掌握细毛羊育种的核心技术,并将之运用于实际育种之中,为我国的养羊业特别是细毛羊种业发展添上了浓墨重彩的一笔。

不忘初心:他是边疆扶贫科研工作者中亮眼的色彩

自2005年起,作为国家“星火计划、科技扶贫”智力支边联合推动组由九三学社中央派出的专家,柳楠教授第一次走进贵州黔西南布依族苗族自治州(黔西南州)。黔西南州晴隆县是西部山区石漠化最为严重的地区,也是国家确定的全国特贫县之一,而柳楠教授随联合推动组在贵州帮扶的主要对象正是晴隆县。看着荒芜的石壁,看着百姓们困苦不堪的生活,柳楠教授暗下决心,要竭尽所能帮助这里的百姓脱贫致富,找到一条适合他们的养羊道路。在详细的考察后,柳楠教授对晴隆本地的养羊生态条件、养羊技术、羊的品种现状、羊的销售去路有了深入了解,提出了脱贫致富相关建议:一是退耕还草、种草养羊;二是引进品种优良的种羊,建立种源基地,通过杂交方法改良当地羊生产性能,提高产出效益;三是大力开展养羊技术培训,让当地百姓尽快掌握先进的养羊理念和技术。

优良的品种是养羊业快速发展的基础。柳楠教授与当地的草地生态畜牧业中心合作,从全国各地引进符合当地生态条件的优良种羊与本地羊杂交。晴隆县本地的黑山羊个头小,产肉量很低,但是却有着极强的适应性。引种杂交,不仅能改良品种,提高生产性能,还能够适应当地的饲养环境条件,增加养羊产出效益。通过试验示范,晴隆县养羊规模迅速增加,在当地畜牧技术部门配合下建立了科学的杂交改良与纯种繁育体系,使当地的养羊品种得到升级换代。

养殖技术是影响养羊效益的重要因素之一。柳楠教授积极在各个乡镇开展技术培训,逐渐开拓了当地百姓的眼界,打破了陈旧的思想与观念,引导百姓向着更加科学、有效、标准化的养羊道路上前进。柳楠教授明白,单凭他一个人的努力,还远远不够。他希望有更多播撒种子的人,然后薪火相传,将养羊的技术全面推广开来。他向学校汇报自己的想法,学校党委非常重视,为黔西南州畜牧技术人员举办了培训班,基层一线的技术人员带着百姓的期待走出大山进入高校学习。学员学成所归,很快便做出了成绩,为当地畜牧业发展、农民脱贫致富注入了无尽的生机与活力。原本因贫穷而愁眉苦脸的百姓脸上,露出了由衷的笑容;贫瘠的石壁滩上,也出现了“风吹草低见牛羊”的迷人景色。

进入21世纪,柳楠教授积极响应农业农村部号召,大力推进科技助力产业扶贫相关工作。从2017年起由国家绒毛用羊产业技术体系岗位专家组成生态畜牧产业技术顾问组，柳楠教授任组长，对中央确立的52个挂牌督战县之一贵州省毕节市赫章县进行帮扶工作。通过进村入户、进企入场，开展技术培训、技术服务、发放贵州半细毛种公羊等方式，对3个少数民族乡镇的10个贫困户、14个养殖户、9家合作社和养殖企业进行帮扶，协助引导贵州鸿嘉牧业到赫章落地投资，并在赫章注册成立贵州禄双源农牧生态发展有限公司，打造10万只优质肉羊养殖基地。在贵州省各级政府部门重视和主抓下，到2020年11月，赫章县等贵州省最后剩余的9个贫困县全部脱贫摘帽。

柳教授基层扶贫

柳楠教授平时在青岛工作，但他始终记挂着千里之外的牧区，定期深入新疆、青海、甘肃、四川、云南、贵州、内蒙古、吉林等地，做育种科研，进行生产指导与技术咨询，一心为民，一心为羊。

"教书不是大学教授的全部，大学教授除了要在学校用心教好课、育好人外，还要走出校园、走出实验室，千方百计把自己的聪明才智服务社会、服务乡村振兴、服务国家种业需求，并转化为农牧民实实在在的财富。"柳楠教授正是用他在边疆少数民族地区的扶贫工作和他的育种人生践行了这句话。

栉风沐雨，热血难凉。纵使经历过许多苦难与艰巨的考验，柳楠教授仍旧坚守在养羊工作的第一线。他不仅仅是醉心科研，用知识将希望传递的专家，同时也是关心民生疾苦，与民同心的开拓者。他像一盏明灯，鼓舞着每一位学子不断努力、不断奋斗！

来源：

[1]《柳楠：心系边疆的大学教授》（文/ 王洋、王春亮）https://news. qau. edu. cn/content/bmjs/dd9ec7308cc1487fa55dd1f1bfa06b96

[2]《博学而笃志，切问而近思——访柳楠博士》（文/青岛农业大学新闻网）https://news. qau. edu. cn/content/nongdarenwu/d6914d783fb941c38efdffb6b116f7b6

写作小记

柳楠教授1982年硕士研究生起从事细毛羊遗传育种研究，近40年呕心沥血，在养羊领域奉献着自己的激情与汗水。柳教授培育出了“新吉细毛羊”新品种，创新了我国羊业的育种技术，为我国羊业作出了杰出的贡献。他经常深入吉林、新疆、内蒙古、贵州等少数民族地区开展育种和扶贫工作，令人敬佩。他在老旧的实验室里仔细研究，是潜心科研的科研人；他在讲台上妙语连珠，是诲人不倦的教师；他向学生们传授知识，学生们也跟着他来到边疆。他载着满身的荣誉，带着明天的希望，回归到羊群，来到边疆，继续默默奉献。

不仅仅是柳楠教授，我想，这样的人还有很多，他们平凡而伟大，强大而坚定。作为一个动科学子，我们是否能像柳教授一样，潜心对待科研，并且为之付出自己的青春？几十年的夜以继日，几十年的呕心沥血，才得到如此的成就。我们都应当深思，也应当以柳楠教授为榜样，坚定理想，不懈努力。

（文/中国农业大学动物科技学院2020级本科生　何星谕）

1996年正值农业部组织新疆维吾尔自治区、新疆农垦和吉林省开展全国优质细毛羊新品种选育开发协作组，开展联合育种工作进入如火如荼的阶段，育种中遇到了难点，育种方案中的技术细节尚未解决，加入WTO已迫在眉睫。带着协作组的重托，有幸成为母校动物遗传育种专业的在职博士生，师从张沅教授。在导师辛勤培养和有针对性的指导下，很快地将学到的育种新理论、新方法应用于优质细毛羊选育实践，解决了新品种选育的技术难点和关键技术问题，加快了品种选育进程，2003年成功地为国家培育出66～70支精纺细毛型品种——“新吉细毛羊”。新品种的大面积推广，促进了我国边疆地区优质羊毛产业发展与细毛羊种业的振兴，成为农牧民脱贫致富的支柱产业之一。这一段亲临亲历的感受，刻骨铭心，这正是母校“厚重基础、强大实力、矢志三农、服务产业”的缩影。百年农大，历久弥新。感恩母校，感谢恩师，衷心祝愿母校越来越好，永远辉煌。

柳楠

2022.6.30

张英杰：乐于清苦　力解民艰

张英杰近照

张英杰，男，1964 年 11 月生，河北黄骅人，河北农业大学动物科技学院院长，畜牧学科负责人，二级教授，博士生导师，从事反刍动物营养及遗传育种方向研究，致力于羊的营养与饲料及分子营养领域；国家重点研发计划“绵羊高效安全养殖技术应用与示范”首席专家，国家肉羊产业技术体系岗位科学家，河北省羊产业体系创新团队首席专家；河北省“双十、双百、双千”人才工程第一层次人员，河北省有突出贡献的中青年专家，新中国 60 年畜牧兽医科技贡献奖（杰出人物），享受国务院政府特殊津贴；国际山羊学会副主席、中国畜牧兽医学会养羊学分会理事长、全国农业推广硕士教学指导委员会畜牧硕士分委会委员、中国科协决策咨询专家、农业农村部教材建设专家委员会委员；《中国畜牧杂志》《中国草食动物科学》《今日畜牧兽医杂志》编委。

自参加工作以来，张老师先后主持了国家科技部、农业部、河北省科技厅、河北省自然科学基金等的科研项目 30 余项，获省部级科技奖一等奖 2 项、二等奖 4 项、三等奖 13 项，第六届河北省青年科技奖；主编全国高等农业院校“十三五”规划教材《羊生产学》等著作 16 部，发表论文 300 余篇。在畜牧行业坚守 30 余载，勤勤恳恳，全心为民，在 2017 年全国养羊生产与学术研讨会暨养羊学分会第七次全国会员代表大会上，世界山羊学会主席 Beth A. Miller 代表国际山羊学会授予张老师“杰出贡献奖”，对他为养羊业发展所作的贡献予以充分肯定。

书山学海勤为径　上下求索未停歇

书山有路勤为径，学海无涯苦作舟。张英杰老师在求知的路上不断求索，从未停歇。1987年，从河北农业大学畜牧兽医系畜牧专业毕业，张老师选择继续攻读本校动物生产学专业硕士并于1990年顺利毕业，被分配到河北省畜牧兽医研究所工作。学如逆水行舟，不进则退。后来，已工作多年的张老师又选择到中国农业大学继续深造，并于2000年获得动物营养与饲料学专业博士学位。2002年4月至2004年6月，张老师在甘肃农业大学遗传育种与繁殖专业从事博士后学习与研究工作。学成之后，他先后担任了河北省畜牧兽医研究所养羊研究室主任、副所长。2005年8月，张老师被人才引进到河北农业大学，从事养羊教学与科研工作。

张老师和博士生导师
冯仰廉教授

探索真理的道路崎岖漫长，张老师始终保持一颗热爱的心，他将学习当作一种享受，将进步当作一种奖励。张老师的座右铭为“知识就是财富，永远保持对世界的好奇，永远在学习的道路上埋头前进；收获了知识就是收获了无穷的财富。”

清苦丛中得百乐　人民群众在他心

梁启超先生曾在《最苦与最乐》中写道："大抵天下事，从苦中得来的乐，才算真乐。"畜牧养殖，尤其是养羊，大多数在条件艰苦的地区，自然环境恶劣，人文关怀欠缺，科技工作开展难度大，长期在这样的环境下工作可谓身心俱疲，没有强大的毅力是坚持不下去的。但是张老师觉得工作虽然清苦，自己却十分快乐。他坚守三十余载，兢兢业业，从未谈及放弃。一篇关于张老师的报道曾这样记录："张英杰教授常常被邀请去做学术研究、讲座、养殖知识培训等，时常是面对面地为农户解决喂养过程中的实际问题；为了更好地帮助农户，让农户在第一时间找到自己，他的手机二十四小时开机，培训到哪里他就主动把手机号码告诉大家。"张老师清晰地记得这样一件难忘的事：夜里三点，熟睡的他被一阵急促的手机铃声吵醒，原来是农户家的羊难产，情况危急，束手无策的农户向他打电话求助，他听后马上调整朦胧睡态，电话指导农户对母羊和小羊进行救

张老师在基层指导工作

治,及时避免了损失,他对此也感到特别欣慰和满足。多年来,像这样农户求助的例子数不胜数,为此农户都称他为“甘受羊罪的羊博士”。

喜欢钻研养羊难题,乐于帮助农户,但张老师可不是个书呆子,他非常喜欢音乐,会吹笛子、葫芦丝,会拉二胡,而且不但会吹拉还会编曲,在工作之余创作了不少曲目,其中葫芦丝曲目《江南好风光》便是张老师的得意之作。

俯首不断创新作　余生力争解民艰

张老师始终关注养羊新动态,及时发现农户新问题。近年来,我国很多地区养羊业已形成集繁育、收购运输、屠宰加工、产品销售为一体的产业化经营模式,肉羊育肥效益良好,很多地区肉羊饲养积极性很高,但由于缺乏系统的知识和技术,很多农户在肉羊育肥过程中遇到了很多问题,尤其是饲料营养问题。为了更好地普及羔羊育肥科学技术,提高养殖场和农户的经济效益,张老师在原有《羔羊快速育肥》一书的基础上,结合自己的工作实践和当前养羊业生产实际需要,收集、汇总了近年来一些国内外羔羊育肥的先进技术、科研成果和经验,编写了《羔羊快速育肥法》一书。这本书为专业技术人员和广大养羊场(户)及基层畜牧兽医工作者的生产实践提供了便利。而且,张老师所研究的羔羊育肥产业技术,采用棚子规模养殖,每天成本只要3元左右,平均每只收益可达150元,2～3个月便可增肥出栏,实现了养羊的快进快出。

张老师曾在报告中指出,当前我国山羊发展存在品种良种化程度低、生产力水平不高、规模化饲养少、科学研究滞后、缺少大型龙头企业带动等问题。针对这些现状,他也给出了自己的见解。他指出需要从全方位角度去考虑,建设解决问题新的思路,以此来促进产业新的发展。

羊全身是宝。羊肉、羊奶、羊皮、羊肠衣、骨骼、血等在食品工业、制革工业、医药、体育器材等方面发挥着重要作用,因此羊被称为“提供工业原料的五星级动物”。其中,山羊肉、山羊奶对人体的营养供给具有重要作用,山羊绒更是称为“软黄金”。而且,发展养羊业,秸秆过腹还田,实现农牧结合,以农养牧、以牧促农,可以实现现代化农业的发展。其中,羊粪尿更是家畜粪尿中肥力最好的,对改良盐碱土和黏土,提高肥力都有显著效果,还可以为农田提供长久持效肥力。面对我国山羊产业发展的重点和策略,张老师提出从肉用山羊生产良种化、良种繁殖科学化、饲养方式精细化、开发饲料资源、羊肉安全生产、绒山羊高质量生产、适度发展奶山羊、电子商务拉动消费等方面下功夫。

目前,羊的育种存在高繁和肉用性能不兼备、遗传性能不稳定或稳定时间长、费用高、技术要求高等诸多问题。对此,张老师建议,肉羊生产可以利用现有品种建立三级繁育体系,开展杂交,发挥杂种优势。他还特别强调,要进行多元杂交亲本选优提纯,同时搞好配合力测定,并创造适宜的饲养管理条件,这样才能产生更大的杂种优势。

张老师在培训授课

张老师在养羊道路上一路摸索前进,不断创新。他带领团队与企业深入合作,就如何带动农户养羊进行探讨,在合作机制、草料供应、技术服务团队及家庭牧场建设等方面进行交流和尝试；就小尾寒羊、湖羊和国外引进肉用品种的杂交组合试验研究进行了深入探讨；通过对比试验筛选出适合河北省的最佳二元杂交组合模式及配套饲料营养配方。对于养羊产业未来发展，张老师信心满满，虽然在整个畜牧产业中养羊产业还相对落后，但这既是一个挑战也是一个发展方向，鞭策着我国养羊产业的创新与发展。“十三五”国家重点研发计划“绵羊高效安全养殖技术研发与示范”项目将在绵羊高效安全养殖技术的示范推广过程中实现新突破。

从武术之乡走出，选择畜牧养羊，一路上从未停歇求索的脚步，笑对清苦工作，不变热爱之心。青灯之下，奋笔书写创新；讲台之上，潜心授讲知识；实验台上，探索科技成果；羊舍栏边，俯首力解民艰。张老师用爱农爱羊的情怀推进养羊产业不断向前发展，是莘莘学子为之学习的榜样；变的是不断革新的技术，不变的是“羊”博士一颗赤诚的心。

来源：《武术之乡走出来的“羊”博士——访养羊专家张英杰》（文/张珊）http://dcsx.cnepaper.com/html/2014-08/21/content_12_2.htm

---

写作小记

大抵天下事，从苦中得来的乐，才算真乐。孜孜不倦地求学、兢兢业业地为人民服务、奋笔疾书地创新，纵使环境恶劣，纵使条件艰苦，张英杰老师依然乐在其中。农户亲切地称张老师为“甘受羊罪的羊博士”，这是人民群众对张老师最大的认可。从人民中来到人民中去，张老师爱农爱羊的情怀是千万农学学子为之学习的榜样。

（文/中国农业大学动物科技学院2020级本科生　罗雅雯）

从母校博士毕业已经22年了，在母校度过的美好时光至今仍历历在目，母校为我们提供了优越的学习、科研和生活环境，老师们严谨治学的精神和无私的奉献让我终生难忘，融洽的同学关系让学习和生活倍感愉悦。三年的博士学习增强了自己的专业知识，提高了创新能力，为自己以后的教学和科研等工作奠定了良好的基础。感恩母校！感恩老师！感恩同窗！衷心祝愿母校的明天更美好！

张英杰
2022年6月24日

李树静：励志笃行　止于至善

李树静近照

李树静，男，1964 年 12 月生，研究员，中国农业大学博士毕业，主修动物遗传育种与繁殖专业，研究方向为胚胎生物技术。现任石家庄天泉良种奶牛有限公司董事长兼技术总监，同时受聘于加拿大太平洋遗传中心，任高级研究员兼副总裁；中国农业大学硕士研究生校外导师，国家肉牛牦牛产业技术体系石家庄综合试验站站长；河北省肉牛产业技术体系首席专家，河北省“巨人计划”创新创业团队及领军人才；中国畜牧兽医学会动物繁殖学分会副理事长、中国侨商会科技创新委员会委员、河北省畜牧兽医协会养牛分会会长、河北省侨商会副会长、河北省畜牧业协会肉牛分会会长、河北省畜牧兽医学会副理事长等。

李树静老师从事家畜胚胎生物技术研究和产业化应用，主持省部级以上重大科研和推广项目 38 项，多次获得省部级以上科技进步奖；主持编写《现代肉牛高效健康养殖问答（一）》《现代肉牛高效健康养殖问答（二）》等著作；在国内外学术期刊发表论文 96 篇，其中 SCI 文章 11 篇，拥有发明专利 3 项。从一个农村的孩子到国内胚胎移植技术产业化领域的领军人物，一路虽遇坎坷但从未放弃。瀑布跨过险峻陡壁时，才显得格外壮观。李老师始终以满腔热情投入到生产一线，奋力拼搏，努力向前。

少年习读　不断挑战未知天地

鸟欲高飞先振翅,人求上进先读书。每年高考结束,都会涌现出一位位出身“寒门”,通过高考改变命运的学子。李树静老师在1982年考入河北农业大学畜牧专业,1986年考取贵州农学院硕士研究生,后又考取了中国农业大学博士,毕业后投身胚胎移植产业化工作中,将畜牧生产最前沿的技术带到生产一线。他在一次采访中这样感叹:“我是一个农民的孩子,我深深地感觉到高考改变了我的命运,让我从农村走向城市走向国外然后又回来创新创业,我每一个人生的节点都是跟高考一样,只要迈过这个门槛总会有一片新的天地。”初上大学时,辅导员这样劝勉他:“不是说农业没前途,行行出状元。只要你好好学习,肯定能够有出息。”鼓励万千,其意自悟,从业多年的李老师不断创造新的业绩,他始终没有忘记自己当年的目标——通过胚胎生物技术,把全世界最好的种牛遗传资源拿到中国来,改良当地的品种。青衿之志,履践致远。既然肩负大任那就不负众望,李老师始终保持少年时的热情,向一个个技术难题发出挑战。

夙兴夜寐　俯首创造辉煌成就

“敏于观察,勤于思考,善于综合,勇于创新”,以此来描述李老师再合适不过了。他带领团队将研发的牛胚胎分割、胚胎性别鉴定、活体采卵体外受精等技术有机地整合,形成了高效的良种奶牛繁育技术体系,其中胚胎分割、胚胎性别鉴定技术指标及推广规模达到世界领先水平;他所承担的“良种奶牛高效胚胎生产综合配套技术研究及产业化开发”项目,在牛的幼畜超排方法、免疫抑制素对超数排卵效果的影响,以及干扰素对提高受体牛移植妊娠率的作用等研究方面填补了我国在该技术领域的空白。他带领团队对分割取样后的胚胎的冷冻保存方法进行研究,各项技术指标达到国际先进、国内领先水平,对于全面推进家畜胚胎生物技术的发展有重要意义。

李老师通过承担“良种肉牛引进及快速扩繁技术研究”项目,建立了高强度重复超数排卵、胚胎分割、双半胚移植、犊牛早期断奶技术集成的良种肉牛快速繁育技术体系,填补了我国该技术体系在该肉牛品种上的空白。通过该项目的实施,申请对犊牛饲养的发明专利 1 项,实现新增经济效益 2.3 亿元,有效带动了我国高档肉牛产业的发展。李老师所领导的石家庄天泉良种奶牛有限公司在 2017 年时与世界上最大的胚胎生物工程公司——美国动物生物科学集团进行了签约,双方共同建立以奶牛、肉牛、猪等动物为主要研发对象的河北省动物

李老师所在的公司

李老师在指导工作

生物工程科技创新中心和研发总部。这项签约意义重大,有望造福广大的养殖户和奶农,从根本上解决养殖效益低的问题,也会有效推动精准扶贫。李老师及其团队自主研发了 PCR 奶牛胚胎性别鉴定技术,胚胎性别鉴定准确率达98%以上, 该技术在全国上百家奶牛场推广,已获得 10 万余头高产奶牛后代。

李老师团队完成的牛、羊胚胎生产及移植数量占全国的 85%以上,其中全国 90%以上的种公牛站所用优质种牛胚胎由他的团队筛选、引进、移植,创直接经济效益 10 亿元以上,也取得良好的社会效益,有效推动了我国奶牛良种化进程。李老师还带领他的团队在石家庄市通过奶牛胚胎生物技术建立了规模为1024 头的北美高产奶牛核心群,305 天奶牛平均单产达 11 吨以上,是河北奶牛平均单产的 1.6 倍,还建立了我国唯一具有自主知识产权的纯种黑毛和肉牛育种核心群。李老师知识渊博,功名硕硕,被誉为“良种奶牛大王”。

李老师带领团队不断钻研胚胎生物技术领域的新技术,填补了一个又一个技术空白,当初的誓言终生难忘,如今李老师虽已为相关产业的发展作出了重要贡献,但使命未曾结束,仍面迎朝阳,俯身前行。

情怀田野　投身扶贫

每一个爱农学子都有造福乡村、情系乡土的情怀，为响应践行党和国家关于精准扶贫、乡村振兴的战略，李树静老师一行人也投袂而起。2018 年 7 月，李老师所在的河北省现代农业产业技术体系肉牛产业创新团队专家深入扶贫一线实地“把脉”，建言献策，深度助力隆化肉牛养殖科技扶贫。河北省隆化县是国家扶贫开发工作重点县，是全省 10 个深度贫困县之一，肉牛产业已成为隆化县脱贫攻坚的“一号产业”。在此次扶贫行动中，李老师及其创新团队对多家养殖企业进行技术帮扶，同时深入了解各养殖企业在养殖模式创新中的经验和困惑。

隆化县农民经济来源以种植和养殖为主，养殖业以养牛为主。而后，李老师一行专家深入村中，走进肉牛养殖小区和牛舍，实地查看养殖现状，面对面地对养殖户进行技术指导。李老师和创新团队其他专家对养殖场青贮饲料进行了现场取样，进行霉菌化验后，制定了青贮储藏及饲喂改进方案。同时，他们还对养殖场的疾病防疫、粪污处理、牛舍科学配建等方面提出建设性意见。在了解到养殖户缺资金、缺技术的实际困难后，李老师当即决定将自己的 4 台铡草机免费捐赠给养殖户使用，并且自掏腰包为养殖户提供一定量的冻精。针对技术问题，李老师还承诺，可由该村选派技术人员到石家庄进行免费培训，此外，还会请营养方面的专家定期到村，手把手教学。李老师与创新团队一起冒雨走牛场、访牛农，满脚泥污，却乐在其中。李老师表示：“今后肉牛产业创新团队 6 位岗位专家和 7 个综合试验推广站都将承担技术帮扶工作，只要牛场有需求，立即通过一对一、一对多、多对一、多对多等方式进行精准帮扶；下一步，将带领该团队继续加大与承德市、隆化县畜牧主管部门的沟通合作，共同打造好‘隆化肉牛’这张特色名片。”

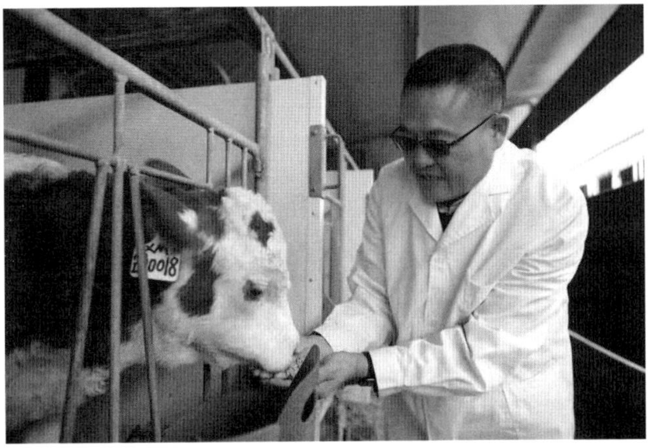

李老师在车间工作

振兴乡村,是每个农学人此生的追求;将科技成果带到田间地头是每个农学人的责任;关注民生,了解民情,用知识化解困境,用科学扶助农业是每个农学人的担当。通过先进的技术,提高养殖户的经济收入,使他们脱贫过上富裕的生活,是李老师这样的畜牧科技人员的共同心愿,他们在舍栏旁留下的身影是农户心中的希望,是点燃了乡村夜空的星辰。

身着白衣的不一定是救死扶伤的天使,还有实验室里披星戴月的科研人,他们在这万众创新的时代洪流中摸索前进,每一个惊艳的成果都少不了他们夜以继日的奋斗。若无热忱,世间便无进步。李老师对动物胚胎生物技术的研发和推广有着满腔热情,在每个寂静夜晚的书案前他从未有过放弃的念头,在每个彻夜通明的实验台上他从未丢弃手中的工作,在每个泥泞脏乱的畜舍栏边他从未停下奔波的脚步。在岁月静好中邂逅自我,时光不再枯燥,只因有人励志笃行,寻找最完美的一刻。

注:本文在《农学博士李树静:高考是人生中最重要的转折点》(文/武新阳)、《"良种奶牛大王"的喜与忧》(文/吴新光)二者的基础上修改而成,标题为编者所拟。

写作小记

从农村走到城市，又走出国门，再回来创业，为的就是改良中国牛的品种，他把北美最好的种牛遗传资源引进到中国来，通过胚胎移植改良本地品种，提高奶牛产量，造福广大养殖户和奶农。每每读到李树静老师的科研成就，我便心生敬畏，涉农科研的目的就是造福一方百姓，推动乡村振兴，能将科研成果真正转化为农户脸上的笑容，是农学人毕生的追求，李老师真正做到了“解民生之多艰”，我们都应该向李老师学习。

（文/中国农业大学动物科技学院2020级本科生　罗雅雯）

光阴似箭，日月如梭，转眼我博士毕业整整二十个年头，感恩母校，感谢恩师，感怀同窗，母校为我搭建了汲取知识的平台，导师为我传授了动物繁殖的基础知识和为人处世的准则，同窗相互支持和帮助，建立了深厚的友情。毕业的二十年里，我始终把“解民生之多艰，育天下之英才”铭记心中，母校的一花一草、一石一物，至今历历在目。在母校求学的三年，是我人生的宝贵经历，也为我事业腾飞插上成功的翅膀。衷心感谢母校、感谢畜牧学科的各位师长！祝愿母校桃李天下、学子四海！祝愿动物繁殖学科成为我国畜牧产业发展的中流砥柱！

李树静

2022年7月1日

欧阳克蕙:潜精研思　培育英才

欧阳克蕙近照

欧阳克蕙,女,1974 年生,江西万安人,中共党员,2006 年博士毕业于中国农业大学动物科技学院草业科学专业。现任江西农业大学动物科技学院教授、博士生导师,江西农业大学南方草地研究所所长,江西农业大学“动物营养与饲料安全”创新团队负责人,美国密西西比州立大学和密苏里大学访问学者,江西省牛羊产业技术体系首席专家,江西省主要学科学术和技术带头人、领军人才,江西省百千万人才工程人选,江西省高校中青年骨干教师。现为中国草学会常务理事、中国畜牧兽医协会草业分会理事、中国热带作物学会牧草与饲料作物专业委员会委员、江西省生态饲养学会常务理事。江西南方现代草地畜牧业推进行动专家组成员,江西省牛羊大县整县推进行动专家组成员,江西省第三次全国畜禽遗传资源普查技术专家组牛、羊、兔遗传资源普查专业组副组长。

中国农大——断不了的前缘

欧阳克蕙老师家中两代4人均毕业于中国农业大学。1964年,欧阳老师的父母从北京农业大学(现中国农业大学)畜牧专业毕业后,来到江西农业大学投身于畜牧教学与科研工作中。欧阳克蕙老师和爱人则在40年后,又踏入这片校园,成为中国农业大学2003级博士班同学。一个在动物科技学院草业科学专业,师从王堃教授;一个在生物学院生命科学与技术学院,师从李宁教授。读博的时光在动科院老吴先生(吴仲贤教授)“零的哲学”里,在小吴先生(吴常信院士)的老破自行车铃声里穿梭,对于畜牧的热爱从一代代人身上传承了下来。

2006年欧阳老师博士毕业后回到江西农业大学,继承父母的事业,从事热爱的教学工作。当年她在实践中发现南方草食动物生产水平与北方相比差距还很大,怀抱着为南方的牛羊寻找美食(优质牧草)的目标进行博士研究。今天,她想的是不仅要给牛羊提供美食,还要让牛羊的每一餐美食转换成更多的牛羊肉。为此,欧阳老师不断进行实地考察、实践研究,为了实现自己心中的理想而不懈努力。

教学——实地实践　春风化雨

回到江西农大,欧阳克蕙老师主讲本科生“饲料与饲养学”“牧草及草地利用”、研究生“现代反刍动物生产”“饲料资源开发与利用”等课程。为了给学生们增加实践场所,欧阳老师带领学生们筹建了一间牧草温室,带领本科生们去种草、去养牛养羊、取瘤胃液。从本科教育抓起,欧阳老师躬行实践,亲自带领学生进行试验实践活动,提高学生实践技能,身体力行为学生树立榜样。

欧阳老师带领本科生实习

刚毕业时大学教师的工资还比较低,但她认为之所以有那么多人不惧清贫投身于这项事业中,不外乎为朝气蓬勃的年轻人或逻辑严谨、或旁征博引、或风趣幽默地传道授业解惑时,看着一张张求知的面孔,所带来的一点点小得意,一点点小骄傲。当欧阳老师走在下乡或者进企业的路上,最开心的是有人喊:"欧阳老师,您还记得我不,我是您的学生某某某。"

欧阳老师为自己在学生的心中埋下小小的火种,培养了学生严谨的求学态度和为畜牧业的光明前景奋斗的情怀而感动和骄傲。坚守在教育教学一线,从收获传道授业解惑的乐趣,到获得为国家畜牧战线培育出众多优秀人才的成就感,欧阳老师从未停下前进的脚步。

到今天,欧阳老师已经从教 27 年,培养了 2000 多名本科生、近 20 名研究生,他们走上工作岗位,在省内外畜牧战线上奋斗。欧阳老师参编国家统编教材4部,获2011年度“全国高等农业院校优秀教材奖”1项,发表教改论文十余篇。她是江西省优秀硕士学位论文指导教师,获江西农业大学教学成果奖3项,多次荣获江西农业大学“优秀教师”和“优秀班主任”称号。她还在第二届全国大学生动物科学专业技能大赛中带领学生荣获一等奖。

科研——脚踏实地　求真务实

欧阳克蕙老师主要从事反刍动物营养和饲草资源开发利用方面的研究,先后主持国家星火计划重点项目、国家自然科学基金、国家(农业)行业公益专项,及多项省部级课题。其科研成果获中国草学会草业科技奖三等奖1项,江西省高等学校科技成果奖三等奖1项,全国农牧渔业丰收奖三等奖、二等奖各1项,全国高等农业院校优秀教材奖1项;发表论文100余篇,其中SCI收录31篇,参编著作6部。获国家实用新型专利1项、国家发明专利6项、国际发明专利1项。参与制定地方标准2项。

担任江西省牛羊产业技术体系首席专家以来,欧阳克蕙老师率领全省牛羊产业科技专家,在产业科技推广上做了大量工作,她平均每年在省、县级养殖培训班授课8次以上,现场技术指导和培训30次以上,通过电话和微信等进行技术服务上百次。

欧阳克蕙老师热心扶贫事业,希望为之作出贡献,因此她对接了江西贫困县赣州市赣县区。2018年,了解到扶贫单位赣州绿林湾农牧有限公司因故出现资金困难,羊场陷于卖种羊求生的境地后,欧阳老师一方面协调各方面关系,争取政府补助,寻求外部融资等,使公司业务得到稳定发展;另一方面,发动产业技术体系专家进行帮扶,将该公司作为重点帮扶单位,通过合作,在湖羊种质创新、营养需要、粗饲料资源开发利用等方面开展了一系列科研攻关。2020年,公司从饲养量仅有260余头湖羊的养殖场发展到年出栏量12000头,年产值2000

欧阳老师在田间工作

余万元的大公司,并带领周边7个自然村、200余户贫困户走上脱贫致富的道路。2020年,绿林湾公司成为“领头羊”计划学生实践单位。2021年,江西农业大学和绿林湾公司共建“江西赣县湖羊科技小院”,成为全国科协中国农村专业技术协会建设的第二批科技小院,推动企业成为产学研相结合的集生产、屠宰、餐饮为一体的大型地区龙头企业。赣县区也于2020年4月全县脱贫。欧阳老师将自己所学应用于生产实践之中,积极解决实际生产中的问题,同时关注国家脱贫攻坚事业,卓有成效地为赣县区脱贫贡献出强大力量。

欧阳克蕙老师不惧清贫,毕业后义无反顾投身羊产业。她以负责的态度培养学生,以严谨的心态进行科研,并且无私助力脱贫。她是众多学子心中的“欧导”,指导着年轻一代孜孜不懈、迎难而上,为祖国的畜牧业发展奉献力量!

科技小院

写作小记

从欧阳老师的资料中我了解到，她是一位将自己奉献给畜牧发展产业，严谨认真的资深学者。可能正是因为欧阳老师家两代四人均毕业于中国农业大学，所以她对农大有更深的自豪与依恋。在欧阳老师看来，求学、教学、科研过程中付出的努力和艰辛都是人生中必不可少的经历，也是十分宝贵的财富。她始终保持着低调谦逊的态度，在科研的路上反复实践，同时将自己的经验与知识传播下去，带领学生攻克畜牧业中出现的新情况、新问题。我钦佩欧阳老师的品格和精神，立志要努力学习，为畜牧业发展献出一分力量。

（文/中国农业大学动物科技学院2020级本科生　蒋小意）

怀着梦想,携手爱人踏进父辈曾流连的校园,是一种情怀;遇见恩师,见识到全国最顶尖的学者,和最精锐的师兄弟们一起站在最高殿堂往上看,是一种幸运。母校,感恩并祝福您,永远常青!

欧阳克蕙

2022.6.22.

张春香：倾心献力　寓教于行

张春香近照

张春香，女，1972 年 10 月生，山西省侯马人，中共党员，山西农业大学教授，博士生导师，现任国家肉羊产业技术体系饲料资源岗位专家团队主要成员，山西省现代羊产业技术体系岗位专家，中国畜牧兽医学会养羊学分会常务理事，动物生产系系主任。张老师 1992 年毕业于山西农业大学畜牧系动物营养与饲料专业，获学士学位；2002 年毕业于山西农业大学动物科技学院动物遗传育种与繁殖专业，获硕士学位；2007 年毕业于中国农业大学动物营养与饲料科学专业，获博士学位。张老师致力于羊的营养与雄性繁殖领域的研究，先后两次在澳大利亚进行访学；主持国家自然科学基金（面上项目）1 个，国家级生物新品种培育重大专项子课题 2 个，省部级项目 3 个，横向合作项目 10 余项；参加国家自然科学基金 3 个，国家科技成果转化项目 1 个。在 *Theriogenology*、*Animal Feed Science and Technology*、《畜牧兽医学报》等学术期刊发表论文 180 余篇，其中 SCI 收录 30 余篇。获得国家发明专利 5 项、山西省科技进步一等奖和自然科学技术一等奖各 1 项、全国农牧渔业丰收奖一等奖和二等奖各 1 项。

育德育人　无私奉献

从教25年来,张春香老师始终坚持严于律己,以身为范,学生至上,做到了关爱、关心、关注学生,成为学生的心声倾听者、成长协助者、创新支持者、学习环境创造者。从教期间,张老师承担了本科生“羊生产学”“畜牧学概论”“畜牧学”“养蜂学”“创业实践”,硕士生“分子营养学”“高级动物生产学(草食动物)”“羊生产专题”,博士生“营养组学”和“动物环境生理学”等课程,并主持学校教改项目3项,主编著作2部,副主编2部,参编教材3部。

张老师在教学过程中高度重视学生的实践教育,不遗余力地为学生创设更优质安全的实践学习条件。羊布鲁氏菌病(简称布病)是一种传染性极强的人畜共患病(二类传染病),各农学高校在实践教学过程中曾多次因布病出现过师生安全事故。张老师对布病引起的安全隐患十分担忧,深思熟虑后她做出了一个决定:拿出自己所有的积蓄新建一个实验示范羊场。该羊场面积300米^2,有75个单栏,草棚面积150米^2。张老师又陆续筹集经费购买了黑头和白头杜泊羊、萨福克羊、小尾寒羊等品种绵羊,配套购买了多件饲草料加工机械。受张老师无私奉献精神的感染,山西省岢岚县将一些晋岚绒山羊和太行山羊赠送给羊场,使羊场的存栏量达到了130只。该实验示范羊场运行已有11年,其间为动科本科生“动物解剖学”“羊生产学”“动物繁殖学”等课程提供了安全的实践场所,为动医学生“动物临床诊断”“动物外科学”等课程提供了安全的实验动物,还为自愿学习的本科生提供实践平台。每年都会有十余名学生来到该羊场实践学习，在实习工作的同时学习技能。

张春香老师为学生教育殚精竭虑，用言传身教的方式为一批又一批学生带来了优质安全的实验课程学习。张老师“一掷千金”的气魄令我们感动，她全心全意为学生考虑的赤子之心更令我们敬佩。

默默耕耘　平凡坚守

“从1999年第一次进羊圈，看到调皮可亲的小山羊，自此我爱上羊，喜欢上羊，爱上了这份事业。”张老师讲到，“最初在羊场学习观察羊的采食行为、细听牧工讲羊病观察技巧、向厂长学习中药治疗羊病方法，自此养成了假期到羊场学习的习惯。”这份热爱一直执着在张老师心中，并且随着时间的流逝和研究的深入更加深刻。

近年来，随着雁门关生态经济区的发展建设，张老师经常在假期来到当地羊场进行社会服务，将先进理念和新技术带到羊场，在给出对应的生产指导意见的同时不断进行实践学习。经年累月不离一线羊场的经历，让张老师收集了很多正面和反面的教学案例，多年来一直丰富着课堂教学案例分析。

张老师与同行进行技术交流

张老师在养殖场进行技术指导

到目前为止,张老师社会服务的足迹已经走过山西大大小小近五百个养殖场,进行的技术培训达百余场。近十年来,在暑期中安排了50余名本科生和20余名研究生协助羊场开展科学研究与实验示范。

张春香老师秉持着“师生在实践中学习,在实践中成长,在实践中发展”的信条,在教学、科研的同时,也始终在为山西养羊产业默默奉献出力量。

张老师参加合作项目签约仪式

从青涩懵懂、初见羊圈的大学生，到博闻多识、桃李天下的教授，二十余年的青春挥洒向自己热爱的事业，谈及养羊，张老师眼中亮起的光芒不减当年分毫。在教书育人中，她是尽心尽力指导学生，愿为保障安全高质量教学倾其所有的奉献者；在科研工作中，她是十年如一日扎根一线，不断推动技术、理论创新和生产实践的开拓者；在社会工作中，她是足迹踏遍晋地羊场，尽己所能指导广大养殖工作人员科学生产的指导者。张春香老师是一类人的代表，他们热爱着自己所从事的工作，从各个方向去奉献力量，聚沙成塔，最终推动着整个行业稳步向前。如张老师这般对畜牧行业的钟情热爱和奉献精神，将永远鼓舞着每一位动科学子开拓进取，奋斗不息！

写作小记

在了解张春香老师事迹的过程中，我经常会觉得张老师其实就是我身边的某个人，因为张老师所做的事情是很多人真的都在做的。参加教育工作、到一线实践学习，是很多老师甚至是在读学生都会去参与的事情，这些事情并不困难，但能像张老师数十年如一日地去坚持、去兼顾、去做好的人却并不多。世界上最幸福的事情，莫过于自己的工作能服务于自己所热爱的事业，许多常人看来琐碎、枯燥的任务却能让热爱它的人不计时间精力和经济成本地去投入其中，享受其中。张老师脚踏实地、无私奉献的精神给了我很大启发：在寻找并追逐自己所热爱的事业的同时实现自我价值、服务于社会，是每个人的追求。

把所能做的每一件事都去尝试，把所在做的每一件事做到最好，这是张老师最令我钦佩的地方。她忙碌于学校，为行业培养储备人才；她也奔波于乡野，了解生产实际，指导农户科学饲养。张老师并未把自己的工作局限于某一方向，而是以专业领域为核心不断拓展延伸。教书育人尽职尽责，社会服务不辞辛苦，张老师出众的社会责任意识也让我感慨不已。张老师身上值得我们去学习的地方还有很多，正是越来越多像张老师这样的人，积极展开领域间的沟通交流,不断沟通前沿技术、生产实际和学生教学,才让我们整个畜牧行业生产水平不断提升,产业发展更具活力。

(文/中国农业大学动物科技学院2020级本科生　杜泽)

母校搭平台,促我人生起;求学四余载,助我梦实现;师恩深如海,校友遍五湖。作为中农文化传递者,力将中农精神广传播。不忘母校栽培情,努力拼搏报春晖。感谢我师贾志海,教师育人楷模树,谈笑风生哲理讲,欲将我师精神广传承!

张春香

2022.6.25

后　记

遵循"解民生之多艰，育天下之英才"校训精神，贯彻"以人为本，培养创新人才；立足产业，引领科技发展"的学院发展理念——《动科"领头羊"》一书与您见面了。

建院百年以来，学院培养了一大批从事羊产业的毕业生，其中优秀校友不在少数。因时间等因素影响，我们仅收集了这14位优秀校友的材料。

本书编者均为中国农业大学"领头羊"计划学员，我们认为"坚持学生整理写作本身就是对作者的一次教育感召，'领头羊'计划公众号推送又是一次这种教育引领的范围扩展，最终编辑成书将是这种作用的延续，影响后面更多的人！"细品学生们的写作小记，无一不让我们感受到年轻的"领头羊"从优秀的动科"领头羊"校友故事中体悟到一种精神，并转化为自己内在不竭精神动力。

2019年动物科技学院发起"领头羊"计划，农业农村部科技教育司原巡视员刘艳、中国农业大学贾志海教授担任总顾问。该计划以培养羊专业方向学生的科研能力、分析和解决实际问题能力、融入社会能力为核心，集聚校内外相关人才培养力量，通过延伸第一课堂、拓展第二课堂形式，为我国羊产业培养具有爱国情怀、创新思维和创业能力、综合素质强的领军人才，以推动羊产业快速发展，助力乡村振兴。目前，中国农业大学联合西北农林科技大学等全国20所高校，共同发起"'领头羊'计划高校联盟"，共同探索"融合第一、第二课堂，培养行业领军人"人才培养模式，共同推动行业健康发展。

本书在编辑过程中，郭晓旭书记、呙于明院长多次指导，呙院长亲自作序；

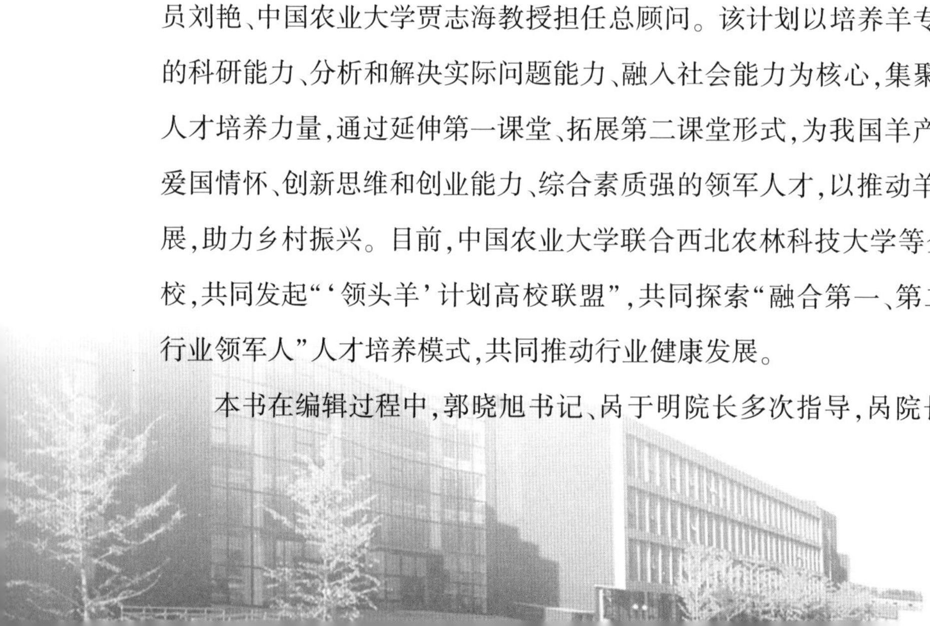

王军军副院长对该书在研究生教育教学上的应用给予了很好的建议；辅导员杨威和沈其林老师也提供了相应帮助。编委会衷心感谢他们的支持与帮助！同时，感谢各位优秀校友愿意分享其经历与成就，并感谢他们在百忙之中为完善书稿所做的一切！

榜样的力量是无穷的，希望本书能够给广大畜牧学子展示前辈们精彩的人生，能够给人生选择和未来道路处于迷茫的年轻人带来启发。希望更多的畜牧学子像书中的一个个优秀校友一样，投身基层建设，到祖国最需要的地方去，在实现中华民族伟大复兴的道路上，用青春谱写壮丽的篇章！

张微

2022 年 6 月

卢德勋（右一）与导师Moir教授在一起

卢德勋（右一）与导师杨胜夫妇合照（1994年）

马宁（左一）1956年北京农业大学任教之初

马宁（中）与学生合影（2004年）

林春建

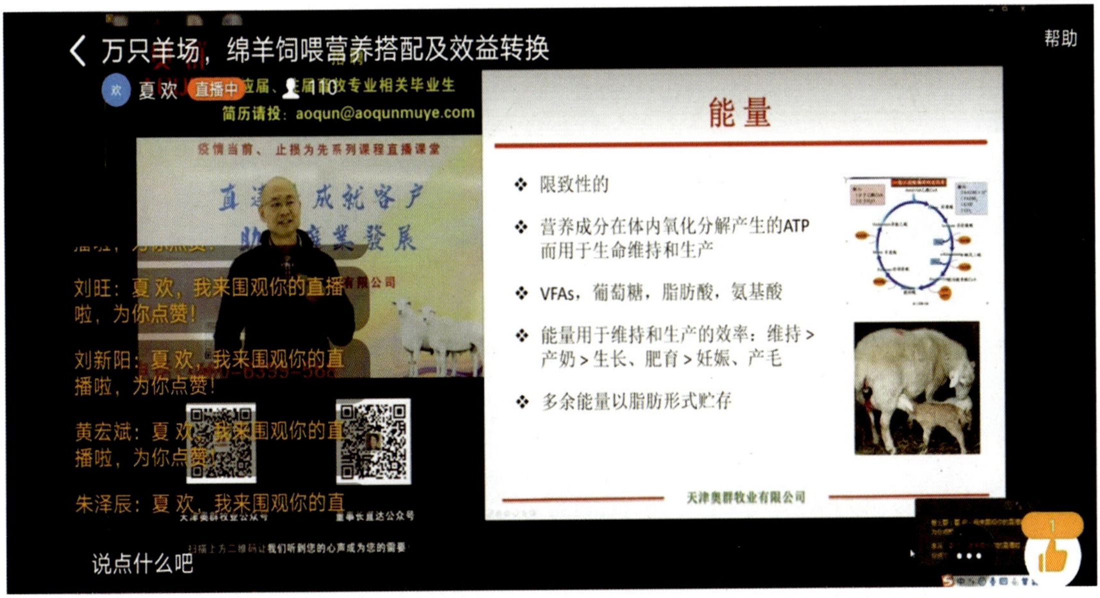
万只羊场，绵羊饲喂营养搭配及效益转换
帮助
夏欢
直播中
10
简历请投：aoqun@aoqunmuye.com
能量
限致性的
营养成分在体内氧化分解产生的ATP而用于生命维持和生产
VFAs，葡萄糖，脂肪酸，氨基酸
能量用于维持和生产的效率：维持 > 产奶 > 生长、肥育 > 妊娠、产毛
多余能量以脂肪形式贮存
天津奥群牧业有限公司
刘旺：夏欢，我来围观你的直播啦，为你点赞！
刘新阳：夏欢，我来围观你的直播啦，为你点赞！
黄宏斌：夏欢，我来围观你的直播啦，为你点赞！
朱泽辰：夏欢，我来围观你的直
说点什么吧

林春建公益直播

李金泉

李金泉与导师吴常信先生在中国农业大学

张嘉保指导学生

张嘉保（右四）与其他科研人员

洪琼花（前排右五）团队合影

洪琼花下基层宣讲

石国庆查看细毛羊羊毛状况

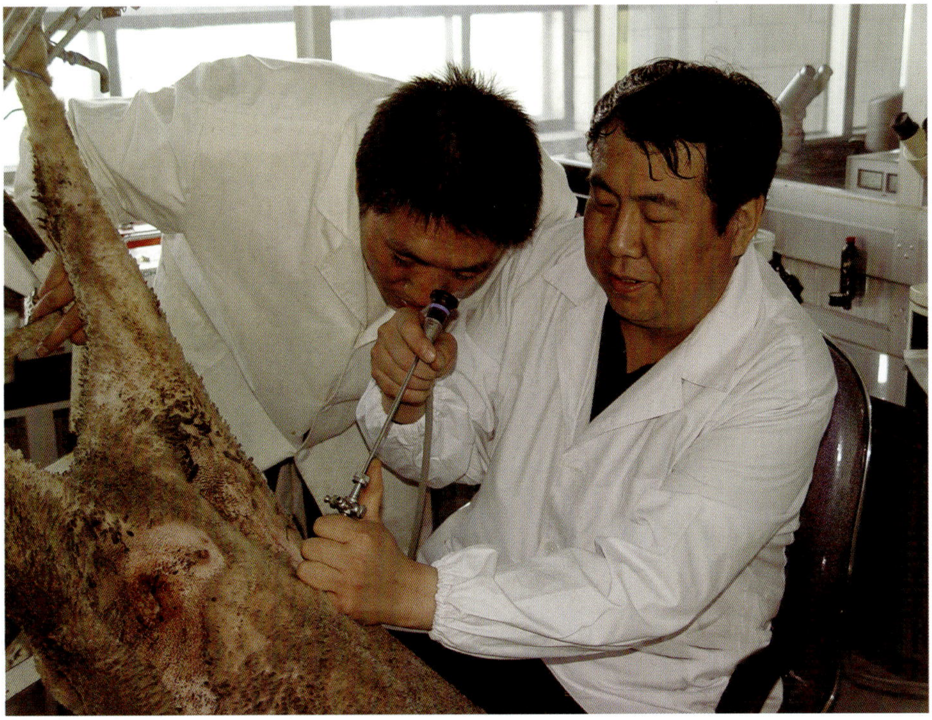

石国庆（右）进行胚胎移植操作

田可川（右二）查看苏博美利奴羊生长情况

田可川（二排右四）团队合照

刁其玉（左八）团队合照

刁其玉（中）德国求学照

柳楠在甘肃省皇城种羊场（2018年）

柳楠（前排右一）与导师和同学合照（1998年）

张英杰与博士生
导师冯仰廉先生合照

张英杰获杰出贡献奖

李树静

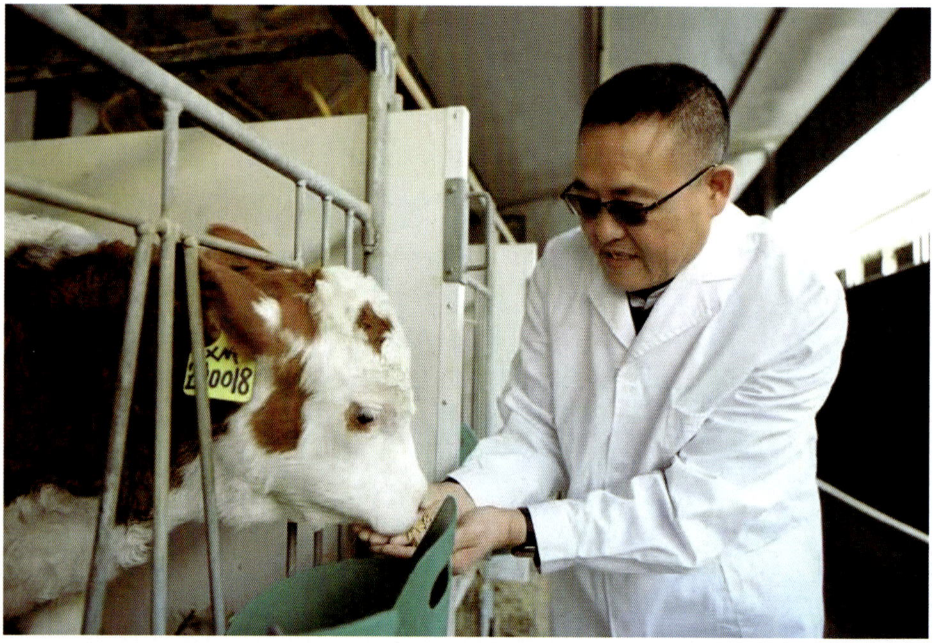

李树静博士2002年在加拿大开展奶牛胚胎性别鉴定技术研究

欧阳克蕙博士（后排左一）毕业合影（2006年）

欧阳克蕙与导师王堃教授及农业部前副部长洪绂曾教授（2006年）

张春香（前排左一）与同伴合照

张春香考察饲料工作照

中国农业大学动物科学技术学院
领头羊计划启动暨高校联盟成立大会

领头羊计划启动暨高校联盟成立大会（2019年）